AUF DEN SPUREN VON JANE AUSTEN

Kim Wilson

AUF DEN SPUREN VON JANE AUSTEN

Die Schauplätze ihres Lebens und ihrer Romane

Aus dem Englischen von Maria Meinel

KNESEBECK

Titel der Originalausgabe: *At Home with Jane Austen*
Erschienen bei Frances Lincoln Limited, London 2014
Copyright © 2014 Frances Lincoln Limited, London, Großbritannien
Abbildungen Copyright © wie auf S. 144

Deutsche Erstausgabe
Copyright © 2015 von dem Knesebeck GmbH & Co. Verlag KG, München
Ein Unternehmen der La Martinière Groupe

Umschlaggestaltung: Leonore Höfer, Knesebeck Verlag
Satz: satz & repro Grieb, München
Printed in China

ISBN 978-3-86873-742-4

Alle Rechte vorbehalten, auch auszugsweise.

www.knesebeck-verlag.de

TITELSEITE Rosen der Sorte 'Blush Noisette' rahmen den Kücheneingang im Chawton Cottage, dem heutigen Jane Austen's House Museum
VORHERGEHENDE SEITE Akeleien und Frauenmantel aus dem Garten zieren ein Fensterbrett im Chawton Cottage
RECHTS Landschaft in Hampshire

INHALT

DIE AUTORIN 8

STEVENTON 12

FORT ZUR SCHULE 28

BATH 34

REISEN & RUNDFAHRTEN 52

HERRENHÄUSER 64

SOUTHAMPTON 76

AM MEER 86

CHAWTON 96

LONDON 122

WINCHESTER 134

INFORMATIONEN & ADRESSEN 138

INDEX 142

DANK & BILDNACHWEIS 144

VORWORT

Als Kind lief ich auf meinem Schulweg immer an einem Austen-Wohnhaus vorbei. An der Hauswand hing eine kleine Steintafel, die neben dem polierten Messingschild mit dem Namen der damaligen Bewohner um Beachtung rang. Der kurzen Inschrift nach wohnte hier einst ein Mann namens Francis Austen, und dieser – das war weitaus bedeutsamer – war der Onkel einer gewissen Jane Austen. Durch die tägliche Beschäftigung mit diesem geschichtsträchtigen Ort schlug ich schließlich Janes Namen nach und begriff, warum sie im Gegensatz zu ihrem Onkel keiner Erklärung bedurfte.

Kalk und Steine waren es also, nicht Bücher, die mich in Jane Austens Welt einführten. Und so ist es eine ganz besondere Freude, in Kim Wilson eine Person gefunden zu haben, die mich zu all jenen Wohnstätten führt, die der Romanautorin zu Lebzeiten bekannt waren. Von herrschaftlichen Villen bis zu dörflichen Pfarreien, von provisorischen Unterkünften bis zu idyllischen Landhäusern – dieser aufschlussreiche Einblick streicht die Verbindung von Austens sozialem und häuslichem Leben und ihrem Schreiben noch deutlicher heraus. Gleichwohl zeigen die einzelnen Kapitel, dass sich zwar die Wohnorte der Schriftstellerin änderten, aber Freunde und Familienmitglieder, Tinte und Papier zum Schreiben, Bücher zum Lesen und all die alltäglichen Beschäftigungen einer Frau ihres Standes gleich blieben.

Dieses Buch erforderte umfangreiche Recherchen und ein feines Gespür dafür, wie sich das häusliche Leben und die Landschaften seit Jane Austens Zeiten geändert haben. Dies gelingt hier mit großer Leichtigkeit. Kim Wilson genießt es, uns alle an diesen Veränderungen teilhaben zu lassen. Ob Neuling oder langjähriger Austen-Verehrer, jeder wird sich dazu ermuntert fühlen, Austens Leben, ihre Zeit und ihr Werk weiter zu erkunden.

MARY GUYATT, KURATORIN DES JANE AUSTEN HOUSE MUSEUM IN CHAWTON

GEGENÜBER Porträt von Jane Austen in Bleistift und Aquarellfarbe, von Cassandra Austen, ca. 1810

DIE AUTORIN

Ich freue mich sehr darauf, Dich zu Hause wiederzusehen. Und dann …
wer könnte dann glücklicher sein als wir beide?
BRIEF VON JANE AUSTEN AN IHRE SCHWESTER CASSANDRA, 22. JANUAR 1799

Jane Austen gehört zu den meistgelesenen und beliebtesten Autorinnen der englischen Literatur. Ihre Romane sind mit Humor und scharfer Sozialkritik gespickte, lebhafte Abbilder der Gesellschaft und der Welt, in der sie lebte. Auch ihr eigenes Leben und ihre emotionalen Erfahrungen, die maßgeblich von ihrem Wohnort in Südengland und den Reisen in andere Landesteile geprägt waren, spiegeln sich in ihren Werken und in der Bedeutung wider, die Heim und Herd für ihre Romanfiguren haben. Obgleich die Austens einige Male umzogen, von Steventon im ländlichen Hampshire in die Städte Bath und Southampton und schließlich von dort nach Chawton ins ländliche Hampshire zurück, hatte Jane Austen stets ihre eigene Auffassung von Heimat im Gepäck. Als Teil einer großen, liebevollen Familie war sie auf die Außenwelt weder angewiesen noch von ihr abhängig. Heimat – so beschrieb es ein Großneffe – »war für sie dort, wo ihre Leute waren. Ob in Steventon, Bath oder anderswo, ihr Temperament war stets ausgeglichen und heiter und sicherte ihr das eigene Glück und das derer, mit denen sie lebte.«

Ihre Liebe zum Landleben verdankt Jane Austen dem väterlichen Pfarrhaus in Steventon (Hampshire). Das großräumige, altmodische Gebäude in diesem stillen Dorf, umgeben von Blumenwiesen und uralten Hecken, bot Jane die ersten 25 Lebensjahre lang Geborgenheit und ein friedliches Dasein. Der sonnige Garten, die grüne Terrasse und die Waldpfade hinterm Haus waren ihr die liebsten Orte und inspirierten sie zu etlichen Schauplätzen ihrer Romane, besonders in *Die Abtei von Northanger*, dessen Heldin wie sie in einem ländlichen Pfarrhaus aufwuchs. Steventon, so schrieb ihr Neffe, »war die Wiege ihres Schöpfergeistes. Hier waren die ersten Dinge, die ihr junges Herz mit einem Sinn für die Schönheit der Natur erfüllten. Auf Spaziergängen durch den Wald kamen ihr jene Phantasien, die später Gestalt annehmen und in die Welt hinausgehen sollten.« Jane war das siebte von acht Kindern und Teil einer warmherzigen Familie, in der Kreativität und Humor hoch geschätzt wurden. In diesem Kreise wurden Bücher aller Art gelesen und genossen. »In unserer Familie«, schrieb Jane, »liest man viele Romane, und man schämt sich nicht dafür.« Bei den Austens wurden sogar Theaterstücke gespielt und Lustspielverse geschrieben, und Jane erfuhr begeisterte Unterstützung, als man ihr schriftstellerisches Talent entdeckte. Da war sie noch ein junges Mädchen. Mit etwa zwölf Jahren schon schrieb sie Kurzgeschichten, Stücke und andere Texte zur Unterhaltung ihrer Familie. Als sie älter wurde, experimentierte sie mit verschiedenen Textsorten und schrieb auch eine Erzählung: *Lady Susan*. Heute geht man davon aus, dass *Verstand und Gefühl*, ihr erster Roman, damals mit dem Titel *Elinor und Marianne*, zunächst als Briefroman erschien. Ebenso *Stolz und Vorurteil*, damals *Erste Eindrücke*. Auch die ersten Passagen von *Die Abtei von Northanger*, damals *Susan*, entstanden in Steventon.

GEGENÜBER Hauskleid, aus Ackermanns *Repository of Arts*, August 1813

Mit der Pensionierung des Vaters und dem Umzug nach Bath 1801, Jane war 25 Jahre alt, änderte sich die Szenerie vollkommen. Die Austens tauschten das beschauliche Landleben gegen die Betriebsamkeit der Stadt, zogen in ein schmales Reihenhaus nahe der Sydney Gardens und kamen nach dem Tod des Pfarrers Austen in verschiedenen Mietzimmern unter. Jane war Bath nicht fremd, sie hatte die Stadt bereits als junges Mädchen besucht und hier eine Fülle von Material gesammelt, das sie später in *Die Abtei von Northanger* und in *Überredung* verwenden würde. Bath bot – wie ihre Heldin Catherine in *Die Abtei von Northanger* sagt – »so vielerlei Vergnügungen, so vielerlei, was man den ganzen Tag sehn und tun kann … es gefällt … ja so gut! … Wer kann von Bath je genug haben?« Die erwachsene Jane jedoch könnte die Meinung ihrer Heldin in *Überredung* geteilt haben, die »bei ihrer sehr entschiedenen, wenn auch gänzlich verschwiegenen Abneigung gegen Bath« blieb. In Bath jedenfalls brachte sie nicht viel zu Papier; sie war offenbar zu beschäftigt oder zu unglücklich und wenig inspiriert. Immerhin überarbeitete sie den Roman *Susan* und konnte ihn 1804 schließlich an einen Londoner Verleger vermitteln, der ihn jedoch nie drucken ließ. Etwa zur gleichen Zeit begann sie ihre Arbeit an den *Watsons*, legte sie aber nach nur wenigen Kapiteln auf unbestimmte Zeit zur Seite.

Inspiration fand Jane während der ausgedehnten Aufenthalte bei Freunden und Familienmitgliedern und bei ihren Reisen durchs Land. Die Häuser ihres Bruders Edward in Chawton in Hampshire und in Godmersham in Kent und auch die anderer Angehöriger und Freunde standen etlichen Landhäusern in *Stolz und Vorurteil*, *Verstand und Gefühl*, *Mansfield Park* und anderen Romanen Pate. Janes Liebe zum Meer, die von ihren zahlreichen Aufenthalten in Seebädern wie Lyme Regis und ihrem Domizil in Southampton herrührte, fand Eingang in den Roman *Überredung*, dessen Figuren an Meeresküsten flanieren, »wie es jeder tut, der zum ersten Mal wieder an die See kommt und ihre Schönheit recht zu genießen versteht«. Einer der wenigen Hinweise auf eine romantische Liebe in Janes Leben ist ein Treffen, das – ihrem Neffen zufolge – bei einer Sommerfrische an der Küste von Devon stattgefunden hat.

Ihre mehrwöchigen Aufenthalte bei ihrem Bruder Henry in London, während derer sie die Druckfahnen ihrer Romane korrigierte, brachte sie mit jener geschäftigen, weltoffenen Großstadt in Berührung, die in *Verstand und Gefühl*, in *Stolz und Vorurteil* und in den Leben der Hauptfiguren einiger weiterer Romane eine bedeutende Rolle spielt. Ihre London-Besuche nutzte Jane, so gut sie konnte, verband das Geschäftliche mit gesellschaftlichen Veranstaltungen, Theaterbesuchen und ausgiebigen Einkäufen. Sie schätzte die Möglichkeiten, die nur eine Großstadt bieten kann. »Wenn ich mich auf dem Lande befinde«, lässt sie Mr Bingley in *Stolz und Vorurteil* sagen, »möchte ich es nie wieder verlassen; doch wenn ich in der Stadt bin, geht es mir auch nicht viel anders. Beides hat seine Vorteile, und ich fühle mich hier wie dort zu Hause.« 1809 zog Jane ins ländliche Hampshire zurück, als ihr Bruder Edward der Mutter, ihr, ihrer Schwester und der gemeinsamen Freundin Martha Lloyd ein Haus in Chawton anbot, das er besaß. Das Chawton Cottage, Janes letzter Wohnsitz, war ein angenehmes, geräumiges Gebäude, das von Edward zu einem »komfortablen, damenhaften Etablissement« ausgebaut worden war. Chawton Cottage, jenes Haus, das am engsten mit Jane Austen als Schriftstellerin verbunden ist, bot ihr eine optimale Umgebung für ihre schöpferischen Bedürfnisse. Hier redigierte sie *Verstand und Gefühl*, *Stolz und Vorurteil* und *Die Abtei von Northanger*, hier schrieb sie ihre letzten drei Romane *Mansfield Park*, *Emma* und *Überredung*, und hier begann sie die Arbeit an *Sanditon*, die sie erst in den letzten Monaten ihrer Krankheit zur Seite legte.

Jane Austen lebte zwar an verschiedenen Orten, doch blieben Familie und Zuhause der emotionale Mittelpunkt ihres Lebens. Ihre Liebe zum Heim fand Eingang in ihre Romane, in Helden und Heldinnen, die es ebenso wertschätzen, selbst wenn sie – wie Fanny Price in *Mansfield Park* – entwurzelt sind und lernen müssen, ein neues Heim zu lieben: »Als Fanny nach Portsmouth gekommen war, hatte sie es gern ihr Zuhause genannt, hatte mit Freude gesagt, dass sie nach Hause fahre. Das Wort war ihr sehr teuer gewesen und war es auch jetzt noch, nur musste es auf Mansfield angewendet werden. *Das* war jetzt ihre Heimat. Portsmouth war Portsmouth; Mansfield war das Zuhause.«

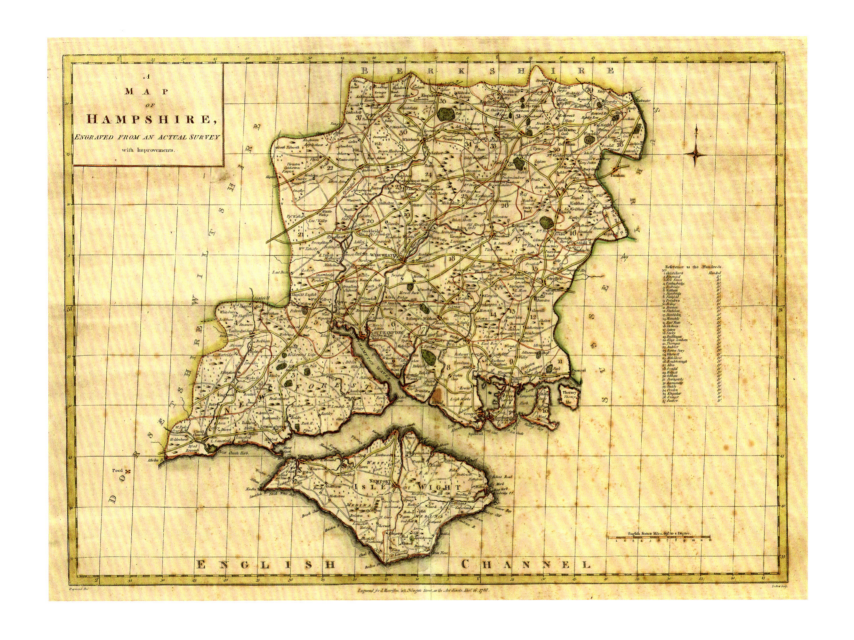

Eine Karte von Hampshire; Stich nach zeitgenössischer Studie mit Ausbesserungen, von John Harrison, 1788

STEVENTON

Nun gab es nichts, was für ihre Einbildungskraft solchen Reiz besessen hätte wie die anspruchslose Behaglichkeit einer gut eingerichteten Pfarre.

DIE ABTEI VON NORTHANGER

Das Steventon-Pfarrhaus, Jane Austens Geburtshaus und ihr Wohnort während der ersten 25 Lebensjahre, stand in der kleinen, ruhigen Ortschaft Steventon bei Basingstoke, etwa 90 Kilometer südwestlich von London, eingebettet in die grünen Landstriche Hampshires. Jane war – wie auch ihre Heldin Catherine Morland in *Die Abtei von Northanger* – die Tochter eines Gemeindepfarrers. Ihrem Vater, Pastor George Austen, unterstand die Gemeinde Steventon und dank der Großzügigkeit seiner Verwandten auch die Nachbargemeinde Deane. Er selbst hatte kein Vermögen, wohl aber zwei Gönner: Ein entfernter Cousin vermachte ihm 1761 die »Existenz« in Steventon, und ein Onkel, der auch seine Bildung bezahlt hatte, schenkte ihm 1773 dann das Auskommen in Deane. Die Existenz in Steventon bedeutete den Umzug ins Pfarrhaus und die Bewirtschaftung des Pfarrlandes, um die Familie zu ernähren. Ein Pfarrer hatte zu jener Zeit noch kein festes Gehalt; eine Mischung aus eigenen landwirtschaftlichen Erträgen und dem Kirchenzehnt der Gemeinde (in der Regel ein Zehntel des Gemeindeeinkommens) erhielt ihn buchstäblich am Leben, das er dann – einmal berufen – bis zum Lebensende beziehungsweise bis zu seiner Pensionierung beibehielt. Pfarrer Austens Einkommen war nicht üppig, aber dennoch genug, um 1764 das geistreiche und attraktive Fräulein Cassandra Leigh zu heiraten und eine Familie zu gründen. Sie lebten zunächst in Deane, wo die drei ältesten Söhne geboren wurden. Dann zogen sie im Sommer 1768 in das zwei holprige Wegmeilen entfernte Steventon: ihr Hab und Gut auf einem Karren, Frau Austen auf einem Federbett sitzend obenauf; wohl war ihr nicht.

Cassandra Austen war in der malerisch schönen Gegend bei Henley-on-Thames groß geworden und anfangs nicht sehr begeistert vom Landschaftsbild, das sich ihr beim ersten Besuch der Pfarrgemeinde kurz vor ihrer Hochzeit darbot. Die Steventon-Gegend mit ihren schmalen, von uralten Hecken und Wiesen gesäumten Pfaden ist von stiller, ländlicher Schönheit. Jane Austens Neffe, James Edward Austen-Leigh, der nach der Pensionierung von Austen und der Ernennung seines Vaters zum Gemeindepfarrer hier aufwuchs, beschrieb die Landschaft um Steventon einst als »mit Sicherheit nicht pittoresk; großartige Aussichten und Panoramen bieten sich dem Auge nicht … es gibt weder steile Berge noch tiefe Täler … dennoch, sie hat ihren Reiz. Die Wege mit ihren natürlichen Windungen, durchgängig gesäumt von unebenen, heimischen Wiesen, führen zu romantischen Ecken und Winkeln. In diesem doch etwas zahmen Landstrich ist Steventon mit seinen Hügeln, Hängen und üppigen Wäldern sicher einer der charmantesten Flecken.« Die Gegend ist bis heute ziemlich ländlich geblieben, die Felder ringsum werden bewirtschaftet oder sind Weideland.

Das Dorf Steventon, das bei Austens Pensionierung 1801 nur 20 Häuser und 153 Einwohner zählte, lag langgestreckt an einer Straße. Austens Pfarrhaus stand etwas abgesetzt vom Ende des Dorfes, dort, wo sich die Frog Lane mit dem Kirchweg kreuzte,

GEGENÜBER Die Kirche St. Nicholas in Steventon (Hampshire), in der Jane Austens Vater George von 1761–1801 als Pfarrer tätig war

GEGENÜBER Weg zur Kirche St. Nicholas, an deren Gottesdiensten Jane Austen mit ihrer Familie regelmäßig teilnahm
OBEN LINKS Pfarrhaus Steventon, aus *A Memoir of Jane Austen*, 2. Auflage, 1871 OBEN RECHTS Felder in der Nähe des Ortes Steventon
UNTEN *Landschaft mit Bauernhäuschen*, von James Ward, ca. 1802–1827.

STEVENTON

dem schattigen Pfad, der hinauf zu Austens Kirche St. Nicholas führte. Ende des 17. Jahrhunderts war das Pfarrhaus erbaut worden, ein geräumiges, quadratisches, weiß getünchtes Gebäude mit Flügelfenstern, Ziegeldach und zwei Seitenflügeln an der Rückseite, umgeben von hügeligen Wiesen und anmutigen Ulmen. Vor der Nordseite des Hauses, zum Weg hin, lag das Halbrund einer Wagenauffahrt. Hinter dem Haus, gen Süden, war ein von Mauern eingefasster Garten, der sich bis hinauf zu einer Baumreihe von Fichten und einer grünen Terrasse aus »feinstem Rasen« erstreckte. Möglich, dass Jane Austen, wie Catherine Morland in *Die Abtei von Northanger*, »nichts mehr liebte auf der Welt, als den grünen Hang hinter dem Haus hinunterzurollen«. Das Pfarrhaus selbst war für die damalige Zeit überdurchschnittlich komfortabel, »die Räume allerdings«, schrieb James Edward, »waren weniger elegant als die der heute üblichen Wohnhäuser. Da war keine Randleiste, die den Übergang der Wand zur Decke markierte, und die Balken, die die oberen Stockwerke trugen, waren in den darunterliegenden Räumen in all ihrer nackten Schlichtheit zu sehen; sie wurden nur mit einer Schicht Farbe oder Tünche überzogen.« Dieses zwar altmodische Haus bot Jane und ihren Geschwistern ein wohnliches Heim. Hier war eine Menge Platz. Im Erdgeschoss gab es ein Empfangszimmer, in dem Mutter Austen gern saß und nähte, ein zweites Empfangszimmer, das als Wohn- und Esszimmer genutzt wurde, zwei Küchen, eine im vorderen und eine im hinteren Bereich des Hauses, und Vater Austens Arbeitszimmer, von dem aus man den Garten auf der Südseite des Hauses überblicken konnte und an welches sich Janes Nichte Anna liebevoll erinnert: »Das untere Erkerfenster, das so fröhlich in den sonnigen Garten hinabsah, über den von Erdbeeren gesäumten Grasweg hinweg bis hinauf zur Sonnenuhr, das war das Fenster von Großvaters Arbeitszimmer, seinem eigenen Refugium, das Schutz vor der Betriebsamkeit des häuslichen Alltags bot.« Im ersten Stock gab es sieben Schlafzimmer (von denen sich Jane eines mit ihrer älteren Schwester Cassandra teilte) und darüber drei Dachkammern. Platz genug also für die Austens und auch für die Zöglinge, die Vater Austen bei sich aufnahm, um sein Gehalt aufzubessern.

GANZ OBEN Landhaus in Steventon
OBEN St.-Nicholas-Kirche

Als Jane geboren wurde – in der frostigen Nacht des 16. Dezember 1775 – war das Pfarrhaus nahezu voll. Jane war das siebte von acht Kindern. Ihr ältester Bruder James (der Vater ihres späteren Biografen James Edward Austen-Leigh) war bei ihrer Geburt zehn Jahre alt. Nach ihm wurde alle ein bis zwei Jahre ein neues Kind geboren: George, Edward, Henry, Cassandra, Francis (auch Frank genannt), dann Jane und 1779 schließlich Charles. Mutter Austen stillte jedes Kind zwei bis drei Monate lang und gab es dann – so wollte es der heute seltsam und auch etwas unmenschlich anmutende Brauch des damaligen Landadels – in eine Familie des Dorfes, um es im Alter von einem oder zwei Jahren zurück in den Austen-Haushalt zu holen. Das mag aus heutiger Sicht befremden, war aber ein erfolgreiches Modell, zumindest was die Gesundheit der Austen-Kinder betraf: Sie alle erreichten das Erwachsenenalter, das war damals eine Seltenheit. Die Austens mögen von Hause aus robust gewesen sein, die Pflegeeltern jedoch, die sie sich für ihre Kinder suchten, die Littleworths, boten den Kindern zweifellos ein gesundes Leben, mit reichhaltiger frischer Bauernkost, frischer Luft und viel Bewegung. Vater und Mutter Austen legten Wert darauf, ihre Kinder oft zu besuchen; die Kinder wiederum brachte man oft ins Pfarrhaus zu Besuch. Viele Jahrzehnte lang pflegten die Littleworths eine enge und freundschaftliche Beziehung zu den Austens, nicht selten wurden sie auch als geachtetes Personal angestellt. Nanny Littleworth, die sehr wahrscheinlich als Köchin oder Milchmädchen für die Austens arbeitete, wurde später sogar Zofe für Jane: »Es wird Dich und Edward sehr amüsieren, glaube ich, wenn Ihr erfahrt, dass Nanny Littlewart (sic!) mein Haar frisiert«, schrieb Jane ihrer Schwester (25. November 1798). Jane wurde später die Taufpatin von Nannys ältester Tochter. Nur eines der Kinder konnte nicht in das Haus der Austens zurückkehren. Der arme kleine George litt unter epileptischen Anfällen und war taubstumm, was viele vermuten ließ, dass er auch geistig behindert war.

Die Austens gaben ihn dauerhaft in eine Pflegefamilie, die sich um ihn kümmerte – ein nach heutigem Verständnis herzloses Vorgehen, das im 18. Jahrhundert jedoch als passabel oder gar gütig erachtet wurde. Geistig Behinderte und Kranke wurden nicht sel-

GANZ OBEN *Nacht*, von Francis Wheatley, 1799
OBEN Bildausschnitt, *Fütterung der Entlein*, von Thomas Rowlandson, undatiert

ten ausgesetzt oder unter furchtbaren Bedingungen in Anstalten gehalten. Familie Austen gab George zu Pflegeeltern und handelte entsprechend den etablierten Standards jener Zeit. Sie übernahm die Kosten für seine Pflege, bis er im Alter von 72 Jahren verstarb; zur Familie zurück kehrte er jedoch nie. Vielleicht besuchte man ihn, in den Familienbriefen wurde er aber nie erwähnt. Jane schrieb einst darüber, dass sie mit einem Tauben »mit den Fingern« gesprochen hatte, was sie wiederum von Unterhaltungen mit George gelernt haben könnte.

Obgleich die Austens enge und herzliche Familienbande pflegten, hat man den Eindruck, als seien die Brüder und Schwestern einander näher gewesen als ihren Eltern, wie das in Großfamilien oft der Fall ist, in denen die Eltern mit den Verpflichtungen des großen Haushalts beschäftigt sind und die Kinder Vergnügen und Trost bei sich finden. In *Die Abtei von Northanger* schrieb Jane von einer ähnlichen Familie, den Morlands, die zehn Kinder hatten: »Mutter Morland war eine herzensgute Frau und wünschte sich, zu erleben, dass sich ihre Kinder mustergültig entwickelten; aber sie brauchte so viel Zeit fürs Wochenbett und dafür, die Kleinen zu unterweisen, dass die älteren Töchter zwangsläufig zusehen mussten, wie sie alleine zurechtkamen.« Auch Mutter Austen ist sicherlich sehr beschäftigt gewesen, kümmerte sie sich doch nicht allein um die Kinder, sondern auch um den Haushalt, den Garten, den Geflügelhof, die Molkerei, die von ihrem Mann aufgenommenen Schüler und die Dienerschaft. Schätzungen nach lebten über die Jahre hinweg zwischen neun und 20 oder mehr Leute beständig im Haushalt der Austens: Vater und Mutter Austen, diejenigen Kinder, die zu Hause lebten, die jungen Schüler und die Diener.

Wie viele Gentlemen seiner Zeit leitete auch Vater Austen die Angelegenheiten seines Guts persönlich, unterstützt von John Bond, einem soliden Verwalter mittleren Alters. Der Boden um Steventon war nicht sehr fruchtbar und scheint größtenteils als Wald- und Weideland genutzt worden zu sein. Austen hielt Schafe, die ein Freund als »die feinsten, die man je gegessen hat«, pries, einige Schweine und ein paar Kühe, die vermutlich die Milch für die hauseigene Molkerei gaben. Die anderen Bauern der Gegend hielten ebenfalls Schafe und ein paar Schweine, bauten aber auch Weizen, Gerste und Hafer an und bestellten einige Morgen Land mit Steckrüben, Raps und Bohnen. Einen ganz kleinen Anteil der Feldfrüchte (eineinhalb Morgen der Gemeindefelder) bildeten Kartoffeln, jenes Gemüse, das erst kürzlich aus der Neuen Welt importiert worden war, von der Gemeinde aber nur zögerlich anerkannt wurde. Auch im Pfarrgarten wuchsen welche. Einer Austen-Überlieferung nach hatte Mutter Austen einst eine Dorfbewohnerin vom Kartoffelanbau überzeugen wollen, jene aber erwiderte: »Nein, nein; die mögen für Euch Edle gut sein, sind gewiss aber *schrecklich teuer in der Aufzucht.*«

Wie die meisten Landfamilien bauten auch die Austens einen Großteil ihrer Nahrung selbst an. Ihr Garten, schrieb Janes Neffe James Edward, war »einer jener altmodischen Gärten, in denen Gemüse und Blumen nebeneinander wuchsen«. Nichte Anna erinnerte sich noch gut an das »umfriedete Geviert des Gurkenbeetes« mit seinen Gurkengittern und an Kirsch- und andere Obstbäume, die man an den Mauern emporzog. Mutter Austen genoss die Gartenarbeit und baute nicht nur Kartoffeln, Gemüse und Obst an, sondern pflanzte auch Kräuter und Blumen, darunter auch Studentenblumen. Anna zufolge gab es im Garten einen Brunnen, wobei es sich möglicherweise um jenen Brunnen handelt, der heute als einziges Überbleibsel des Pfarrgutes gilt. Sicher ist das jedoch nicht. Ein Dorfbewohner, der Enkel jener Nanny Littleworth nämlich, dessen Vater für James Austen gearbeitet hatte, erzählte später einem Steventon-Besucher, dass sich die Pumpe zu jenem Brunnen in der Waschküche hinterm Haus befand. Im Hof standen mehrere Wirtschaftsgebäude, meist auf der Westseite des Pfarrhauses. Neben der Waschküche gab es noch einen Geräteschuppen, eine Kornkammer, ein Brauhaus und eine Scheune, in der die Austen-Kinder Theaterstücke aufführten. Mutter Austen zog Truthähne, Hühner, Enten und Perlhühner in ihrem Geflügelhof, Cassandra hielt Bienen für Honig und Met.

Wahrscheinlich ist, dass einige der Angestellten bei der Bewirtschaftung des großen Gemüsegartens aushalfen. Die Dienerschaft der Austens war nicht nur zur Hilfe im Haus angehalten, sondern je nach Bedarf auch mit einer Vielzahl anderer Verrichtungen be-

GANZ OBEN »Einer jener altmodischen Gärten, in denen Gemüse und Blumen nebeneinander wuchsen«, vor der Bibliothek des Chawton House Museum
OBEN Ein Gemüsekasten für Gurken und Melonen im Stile des 18. Jahrhunderts im Gilbert White's House, Selborne, Hampshire

schäftigt, vom Kochen und Nähen bis hin zur Arbeit in der Molkerei. Nachdem man 1798 eine Zeit lang keine Magd im Hause gehabt hatte, war Jane glücklich darüber, dass wieder eine eingestellt worden war. An Cassandra schrieb sie: »Wir sind sehr geneigt, unser neues Hausmädchen zu mögen. Sie versteht nichts von der Käserei, was in unserer Familie eher gegen sie spricht, aber ihr wird alles beigebracht. Kurzum, wir haben so lange unter der Last gelitten, keine Magd zu haben, dass wir entschlossen sind, sie zu mögen, und es schwer für sie sein wird, uns zu missfallen. Sie kocht so weit ganz gut, ist ungewöhnlich beleibt und behauptet, gut mit Nadel und Faden umgehen zu können« (1. Dezember 1798).

Pfarrhaus und umliegendes Land erfuhren durch die Austens wesentliche Verbesserungen und inspirierten Jane Austen in ihren Romanen zu jenen Pfarrgütern, die von den ansässigen Familien emsig vervollkommnet werden. In *Emma* wird die »alte und schlecht erhaltene« Pfarrei »vom neuen Eigentümer, Mr Elton, hübsch herausgeputzt«. In *Verstand und Gefühl* wählen Elinor und Edward »neue Tapeten, pflanzen Sträucher und entwerfen eine Wagenauffahrt«. Henry Tilney pflanzt in *Die Abtei von Northanger* hübsches Gebüsch, sehr zur Freude Catherine Morlands. In *Mansfield Park* ist das Pfarrhaus auf Mr Rushworths Anwesen ein »ordentlich sauberes Haus«, doch Edmund Bertram will dessen Wirtschaftshof auf sein eigenes Pfarrgut verlegen, damit jenes mehr wie ein Herrenhaus aussieht. Doktor Grant und seine Frau wiederum setzen alles daran, um das Gut Mansfield in einen modernen Wohnsitz zu verwandeln; sie richten Mrs Grants »Lieblingssalon mit schönem Mobiliar« ein und pflanzen Strauchwerk in den Garten:

»Das ist hübsch – sehr hübsch«, sagte Fanny, um sich schauend, als sie eines Tages auf diese Weise beieinander saßen. Jedes Mal, wenn ich in dieses Wäldchen komme, bin ich stärker von seinem Gedeihen und seiner Schönheit beeindruckt. Vor drei Jahren war es nichts als eine ungepflegte Baumhecke entlang dem oberen Ende des Feldes, die ganz wertlos schien und von der man sich nichts versprach; und nun ist daraus eine Allee geworden, und es ist schwer zu sagen, ob ihr Nutzwert größer ist oder ihr Schmuckwert. ... Die Anlage der Allee ist von stiller Schlichtheit – so gar nicht gekünstelt.« – *»Ja«*, erwiderte Miss Crawford gleichgültig,

STEVENTON

LINKS *Die Federgeschmückten beim Füttern von Federvieh*, 1783. MITTE *Sara Hough, Das Kindermädchen von Mrs T. P. Sandby*, von Paul Sandby, circa 1805 RECHTS *Gartenarbeit: Ein Mann beim Umgraben eines umfriedeten Gartens*, undatiert

»für einen Ort wie diesen macht es sich ganz ordentlich. Hier denkt man ja nicht so sehr an die Größenverhältnisse. Und unter uns gesagt, ehe ich nach Mansfield kam, hatte ich es nicht für möglich gehalten, dass ein Landgeistlicher jemals nach einem Wäldchen oder etwas Ähnlichem streben könnte.«
MANSFIELD PARK

Eine der Verbesserungen des Steventon-Pfarrhauses durch die Austens war von besonderer Bedeutung für Jane und Cassandra. 1795, Jane war 19 und Cassandra 22 Jahre alt, wurde eines der oberen Schlafzimmer zu einem hübschen Salon umgestaltet. Eine Rechnung eines ansässigen Inneneinrichters an die Austens belegt den Kauf von blauer Tapete, blau-weiß gestreiften Vorhängen, einem Schottenteppich (einem erschwinglichen, gewebten Wendeteppich) und die Montage eines Einbauregals für Bücher in Schokoladenbraun. »Dieses Zimmer, das Ankleidezimmer, wie sie es am liebsten nannten, war mit einem der kleineren Zimmer verbunden, in welchem meine Tanten wohnten«, erinnerte sich später deren Nichte Anna. »Ich entsinne mich noch an den gewöhnlichen, schokoladenbraunen Teppich, der auf dem Boden lag, … einen bemalten Wäscheschrank an der Wand neben dem Schlafzimmer – gegenüber dem Kamin – mit Regalfächern für Bücher darüber; an Tante Janes Pianoforte, vor allem aber an einen Tisch zwischen den Fenstern, über dem ein Spiegel hing und auf dem zwei ovale Intarsienkästchen standen, gefüllt mit Bandmaßen, Elfenbein-Fässchen für Seidengarnspulen usw. … Doch der Zauber dieses Zimmers mit seinen kärglichen Möbeln und den billig tapezierten Wänden bestand – für jene, die alt genug waren, ihn zu bemerken – im heimisch schlichten Geist, der es durchströmte, und all den Späßen und Scherzen einer gescheiten Familie, die nur wenig Kontakt zur Außenwelt hatte.«

Jane nahm regen Anteil an den Planungen für das Gelände rund um das Steventon-Pfarrhaus. »Unsere Arbeiten schreiten außerordentlich gut voran«, schrieb sie ihrer Schwester Cassandra, die den gemeinsamen Bruder Edward besuchte. »Die Böschung am Ulmenweg ist abgetragen, um Hagedorn und Flieder aufzunehmen, und es ist beschlossene Sache, dass die andere Seite des Pfades mit Rasen und Buche, Esche und Lärche bepflanzt werden soll« (26. Oktober 1800). Der »Ulmenweg« war ein uriger Strauchweg, mit Sitzgelegenheiten und einem Maibaum mit Wetterhahn in der Nähe der Wegpforte. Vom östlichen Ende des Freisitzes hinter dem Garten lief der »Kirchweg« den Hügel hinauf zur Kirche, die – berichtete Janes Neffe James Edward – von Hecken umstanden war, in deren Schutze man »die ersten Schlüsselblumen, Anemonen und Wilden Hyazinthen ausmachen konnte«. Viele der gepriesenen Ulmen wurden Opfer eines orkanartigen Sturms im November 1800, den Jane in einem Brief an Cassandra mit Bestürzung beschreibt:

Ich saß allein im Speisezimmer, als ein sonderbares Krachen mich erschreckte. … Ich lief zum Fenster und erreichte es gerade noch rechtzeitig, um die letzte unserer beiden geliebten Ulmen auf den Schuppen stürzen zu sehen!!! Die andere, die wohl beim ersten Krachen umgestürzt war und dem Teich am nächsten stand, ist nach Osten in die Reihe der Kastanien und Tannen gekippt. Im Fallen hatte sie eine Rottanne mitgerissen, eine weitere geköpft und mehrere Äste der beiden Eck-Kastanien abgebrochen. Und das war noch nicht alles. Eine der beiden großen Ulmen auf der linken Seite des Ulmenweges, wie ich ihn nenne, wurde ebenfalls umgeweht. Der Maibaum mit dem Wetterhahn ist entzweigebrochen, und – was ich mehr als alles Übrige bedaure – die drei Ulmen, die auf Halls Wiese standen und eine solche Zierde waren, sind fort. Zwei hat der Wind umgestürzt, und die andere ist so beschädigt, dass sie nicht stehen kann.

9. NOVEMBER 1800

Am oberen Ende des Weges stand also die Kirche St. Nicholas, die kleine, pittoreske Kirche des Pfarrers Austen, erbaut um 1200. Die Kirche steht noch heute dort und hat sich seit den Kirchgängen der Austens nicht wesentlich verändert, sieht man von der Spitze einmal ab, die dem Glockenturm in der viktorianischen Zeit aufgesetzt wurde, und von einigen Veränderungen der Inneneinrichtung. Die Tür wird von zwei mittelalterlichen, steinernen Gesichtern flankiert, einem männlichen und einem weiblichen. Des Weiteren gibt es drei große, in Stein gemeißelte Sonnenuhren und ein in Stein geritztes Kreuz links neben der Tür, das möglicherweise das der Kreuzfahrer darstellen soll. Bei Restaurationsarbeiten der letzten Jahre wurden unter anderem Gemälde auf den Gipswänden freigelegt. Die meisten von ihnen werden für Arbeiten aus viktorianischer Zeit gehalten, einige kleinere Bereiche mit Gemälden stammen jedoch aus dem Mittelalter. In der Kirche befinden sich heute auch einige Gedenksteine für die Austens, wie etwa ein Messingschild zu Ehren von Jane Austen. Umgeben ist die Kirche von einem Gottesacker; zerfallende, flechtenbewachsene Grabsteine bezeugen die vielen Generationen der Dorfbewohner von Steventon. Auch James Austen und seine Frau Mary ruhen hier. Die riesige Eibe links vom Haupteingang der Kirche ist wohl fast so alt wie das Gemäuer selbst und muss zu Lebzeiten der Austens schon von beeindruckender Größe gewesen sein. Ihr Stamm ist so dick, dass man ihn nicht umfassen kann. In einem Baumloch versteckte man damals den schweren Schlüssel zur Kirche, der dann jedoch verloren ging und durch einen neuen ersetzt werden musste.

Was die Unterhaltung betraf, so war die Austen-Familie ziemlich selbstgenügsam. Sie alle waren umgänglich, intelligent und herzlich zueinander, und so war es verzeihlich, schrieb James Edward Austen-Leigh später, »dass sie dazu neigten, sich etwas zu ausschließlich nur im eigenen Kreise zu bewegen«. Die Eltern waren den Kindern leuchtende Vorbilder. Mutter Austen war nicht nur eine praktische Frau und exzellente Wirtschafterin, sondern auch geistreich und witzig. Einen Gutteil der Vorliebe für das Lächerliche hatte Jane wohl von ihrer Mutter, die Absurdes schätzte und gern humorvolle Knittelverse schrieb. Vater Austen war ein besonnener und belesener Mann, dessen Privatbibliothek mehr als 500 Bücher umfasste. Er ließ seinen Kindern eine hervorragende Bildung angedeihen und hielt alle dazu an, viel zu lesen – auch seine Töchter. Oft wurde im Kreise der Familie laut vorgelesen. Vater Austen verstand sich besonders gut darauf – ein Talent, das Jane offenbar erbte. »Sie war eine sehr gute Leserin«, erinnerte man sich später. Während der Pfarrer in *Stolz und Vorurteil*, Mr Collins, entsetzt zurückschreckt, als ihm die Lektüre eines Romans angeboten wird, schreibt Jane später: »In unserer Familie sind wir doch alle große Romanleser und schämen uns dessen keinesfalls« (18. Dezember 1798). Und sie waren begeisterte Mimenspieler

OBEN LINKS Portal der Kirche St. Nicholas GANZ OBEN RECHTS Die alte Eibe neben dem Kirchenportal
OBEN RECHTS Die Gedenkplatte am Grab von Jane Austens Bruder James, der von 1801 bis 1805 Vikar und später dann bis zu seinem Tode 1819 Pfarrer von Steventon war

GANZ OBEN LINKS In Stein gemeißelte Gesichter aus dem Mittelalter flankieren das Portal der Kirche St. Nicholas
OBEN LINKS UND RECHTS Innenraum der Kirche St. Nicholas

STEVENTON

OBEN LINKS *Wundersame Geschichten!*, von James Gillray, 1802

und führten kleine Theaterstücke auf. Jane schrieb in ihren Jugendjahren selbst absurde Bühnenstücke, um sie dann mit der Familie aufzuführen.

Außerhalb des Familienkreises genossen die Austens ein reges Gesellschaftsleben und verkehrten mit dem ansässigen Landadel ebenso wie mit den Bewohnern der Pfarr- und Herrenhäuser um Steventon. Der »Gesellschaftskreis« der Austens war klein, schrieb Janes Neffe in seinen *Memoiren*: »… dennoch fanden sich in unmittelbarer Nähe Personen mit Stil, gutem Geschmack und kultiviertem Geist«. Zu den mit den Austens befreundeten Familien zählten die Digweeds, die den Herrensitz in Steventon Manor bewohnten, die Lefroys, die im Pfarrhaus des benachbarten Ashe lebten, und die Lloyds, die von den Austens für einige Jahre das Pfarrhaus von Deane anmieteten. Später zogen die Lloyds in das fast 15 Meilen entfernte Ibthorpe, doch Mary und Martha Lloyd blieben den Austens ihr Leben lang verbunden. Mary Lloyd heiratete James Austen, nachdem dessen erste Ehefrau gestorben war. Martha Lloyd war besonders eng mit Jane und Cassandra befreundet, später wohnten sie gar unter einem Dach. Schließlich wurde sie mit 62 Jahren die zweite Ehefrau von Francis Austen.

Jane und ihre Familie besuchten die Freunde oft zu Fuß, wenn die Entfernung eine oder zwei Meilen nicht überstieg. »Seit Deiner Abreise sind wir die ganze Zeit ungemein beschäftigt gewesen«, schrieb sie Cassandra. »Erstens mussten wir jeden Tag frohlocken, was für ein herrliches Wetter Du für Deine ganze Reise hattest, und zweitens mussten wir das wunderschöne Wetter

GANZ OBEN *Tickford Park – Zum Festschmaus in Nachbars Haus*, von Diana Sperling, 1816
OBEN *Tapezieren des Salons von Tickford Park* von Diana Sperling, 1816

STEVENTON

nutzen, fast all unsere Nachbarn zu besuchen. Am Donnerstag gingen wir nach Deane, gestern nach Oakley Hall und Oakley und heute wieder nach Deane. ... Diesmal besuchten wir die Harwoods« (25. Oktober 1800). Jane und Cassandra gingen auch zum Wheatsheaf Inn, um dort die an die Austens adressierten Briefe und Postkarten abzuholen. Das Gasthaus gibt es heute noch; es steht bei North Waltham, dort, wo die Popham Lane auf die Winchester Road trifft. Folgten Jane und Cassandra den Straßen, so waren es vom Pfarrhaus 2,5 Meilen, oder sogar knapp drei, wenn sie vorher noch Besorgungen in Steventon erledigten. Gingen sie jedoch querfeldein, wie Lizzie Bennet in *Stolz und Vorurteil*, und überquerten »ein Feld, eine Wiese nach der anderen, nahmen hier einen Zaun und sprangen da über eine Pfütze, alles in ungeduldiger Eile«, dann waren es nur etwa zwei Meilen. Die Straßen waren wenig besser als die Feldwege: schmal, oft nur Schlammbahnen mit tief eingeschnittenen Wagenspuren, genau das Richtige für »müde Füße und schmutzige Strümpfe«. Um nicht im Schlamm einzusinken, trugen Jane und Cassandra sogenannte Patten: Holzsohlen, die mit Metallringen am Schuh befestigt wurden. Überreste solcher Unterschuhe sind auf den Feldern um das einstige Pfarrhaus später gefunden worden.

Jane liebte das Tanzen. Oft hatten die Austen-Mädchen Gelegenheit, auf Bällen zu tanzen, die in den umliegenden Herrenhäusern und denen in Basingstoke ausgerichtet wurden. Über einen Ball, den sie besuchte, als sie 23 war, berichtete sie: »Es gab 20 Tänze, und ich tanzte sie alle, ohne zu ermüden. Ich war froh, dass ich so viel und mit so großer Freude zu tanzen vermochte. ... in der Kälte und mit wenigen Paaren könnte ich ebenso gut eine Woche tanzen wie eine halbe Stunde. Meine schwarze Haube erregte Mrs Lefroys unverhohlene Bewunderung, und wie ich mir einbilde, auch die aller anderen im Saal« (24. Dezember 1798). Zwei Jahre später schrieb sie über einen anderen Ball, bei dem sie ebensolchen Gefallen am Tanzen fand, nicht aber an den Männern: »Charlotte und ich frisierten einander die Haare, was zu ziemlich mittelmäßigen Ergebnissen führte. Allerdings hat niemand etwas bemängelt, und ich begab mich, berauscht von meinem Erfolg, zur Ruhe. Es war ein vergnüglicher Ball, wenn auch eher schön als angenehm, denn es waren fast 60 Menschen anwesend, und mitunter drehten sich 17 Paare auf der Tanzfläche. ... Allgemein herrschte ein Mangel an Herren und ein noch größerer an solchen, die etwas taugten. Ich tanzte neun Tänze von zehn, fünf mit Stephen Terry, T. Chute und James Digweed und vier mit Catherine. Immer tanzten auch zwei Damen zusammen, doch solch reizende wie uns gab es kaum« (1. November 1800). Diese ergötzlichen Tage hatten ein Ende, als Vater Austen 1801 beschloss, in den Ruhestand zu gehen und nach Bath zu ziehen. Die Nachricht, mit der man Jane bei ihrer Rückkehr von einem Besuch bei den Lloyds in Ibthorpe begrüßte, traf sie wie ein Schlag. Einer Familienüberlieferung zufolge, die über die Jahre hinweg zu lebhaften Diskussionen und Differenzen führte, war Jane so bestürzt darüber, dass sie in Ohnmacht fiel. Ob wahr oder nicht, Jane war nachweislich nicht sonderlich erpicht darauf, das friedliche Steventon gegen die laute, rußige Stadt Bath einzutauschen. Eine der Hauptfiguren ihrer in jungen Jahren geschriebenen Parodie *Love and Freindship* (sic!) hatte einst davor gewarnt, das Landleben aufzugeben: »Hüte dich, meine Laura ... vor den geschmacklosen Eitelkeiten und den nutzlosen Verschwendungen der englischen Metropole; hüte dich vor dem nichtssagenden Luxus von Bath und dem stinkenden Fisch von Southampton. ... Ach! Ich ahnte nicht, dass ich so bald schon dazu bestimmt war, diese bescheidene Hütte gegen die trügerischen Genüsse der großen Welt einzutauschen!« Am 3. Januar 1801 schrieb sie hingegen: »Ich versöhne mich mehr und mehr mit dem Gedanken an unseren Umzug. Wir haben lange genug in dieser Gegend gelebt.«

Wo Jane Austens Geburtshaus stand, ist heute ein Feld. Doch Reste des Pfarrhauses, das nicht lange nach Janes Tod überschwemmt und in der Folge abgerissen wurde, waren noch lange zu sehen gewesen. Selbst 1883 noch berichtete ein Herr aus Steventon, dass unlängst »noch jedes Jahr Gartenblumen auf der Wiese blühten, auf der das Haus gestanden hatte«.

GEGENÜBER Standort des abgerissenen Pfarrhauses in Steventon; das nach Jane Austens Tod errichtete neue Pfarrhaus ist im Hintergrund zu sehen. Der kleine, im Dreieck aufgestellte Zaun markiert jene Stelle, an der der Brunnen gestanden haben soll, daneben ein zarter hoher Lindenbaum, den James Austen 1813 gepflanzt hatte

Eine Dorfschule, 1804

FORT ZUR SCHULE

*Der Brief, den ich gerade von Dir erhalten habe, hat mich über alle Maßen zerstreut.
Ich könnte mich totlachen darüber, wie wir in der Schule immer gesagt haben.*
BRIEF VON JANE AUSTEN AN IHRE SCHWESTER CASSANDRA, 1. SEPTEMBER 1796

Im März 1783 schickte man die zehnjährige Cassandra und deren zwölfjährige Cousine Jane Cooper, Tochter der Schwester von Mutter Austen, zu Ann Cawley, der verwitweten Schwester von Mrs Cooper, nach Oxford, damit sie dort die Schule besuchten. Die kleine Jane Austen ging mit ihnen; sie war gerade sieben Jahre alt. Warum die Austens die Mädchen fortschickten, ist nicht geklärt. Vater Austen war ein hervorragender Lehrer, aus pädagogischer Sicht bestand dafür also kein offenkundiger Bedarf. Möglicherweise brauchten die Austens mehr Platz im Pfarrhaus für Vater Austens Schüler, oder man befand, dass Cassandra als höherer Tochter etwas gesellschaftlicher Schliff an einer Schule ganz gut zu Gesicht stünde; und Jane wollte einfach nicht von ihrer Schwester getrennt werden. Wie auch die Musgrove-Schwestern im Roman *Überredung* waren zumindest die älteren Mädchen dazu angehalten, »die üblichen Fertigkeiten zu erwerben«, nicht unbedingt nur akademische, sondern jene gesellschaftlichen Umgangsformen, die auch Miss Bingley in *Stolz und Vorurteil* aufführt: »Eine Frau muss mindestens gut Klavier spielen, singen, zeichnen und tanzen können und dazu eine gründliche Kenntnis verschiedener Sprachen besitzen, bevor sie als gebildet gelten darf. Und außerdem gehört natürlich noch ein gewisses Etwas in ihrem Benehmen dazu, in der Art, wie sie geht, wie sie spricht, in der Wahl ihrer Ausdrücke … – oder sie darf keinerlei Anspruch auf Bildung erheben!« Diese Fertigkeiten einer Frau erhöhten ihre Chancen auf eine gute Heirat. »Geben Sie einem Mädchen eine gehörige Erziehung«, sagt Mrs Norris in *Mansfield Park*, »und führen Sie es ordentlich in die Gesellschaft ein, und es steht zehn zu eins, dass es die Möglichkeit findet, sich gut zu verheiraten.« Ob Mrs Cawley diese hohen Erwartungen zu erfüllen vermochte, bleibt ungewiss; die nachfolgenden Ereignisse lassen jedoch auf ein mangelndes Urteilsvermögen schließen.

Im Sommer zog Mrs Cawley aus unbekannten Gründen mit ihren Schülerinnen nach Southampton, einer Hafenstadt an der Südküste von Hampshire, ohne jedoch die Eltern der Mädchen in Kenntnis zu setzen. Als sie dort ankamen, brach das Fleckfieber aus. Fleckfieber, auch Kriegspest, Schiffs- oder Kerkerfieber genannt, ist eine durch Bakterien ausgelöste, oft tödlich verlaufende Krankheit, die durch Flöhe und Läuse übertragen wird. Wie die Beinamen schon andeuten, tritt sie besonders an überfüllten Orten und unter schlechten hygienischen Bedingungen auf. In Hafenstädten waren derartige Epidemien nicht selten. Die Krankheit wird durch Bisse oder Exkremente von Flöhen oder Läusen leicht von Mensch zu Mensch übertragen. Zu den Symptomen gehören hohes Fieber, schlimmer Husten, heftige Kopfschmerzen, unerträgliche Muskel- und Gelenkschmerzen bis hin zu Delirium, Koma und Tod durch Herzversagen. In Southampton verbreitete sich die Krankheit damals rasch; auch Jane Cooper, Cassandra Austen und die kleine Jane Austen steckten sich an und wurden bald schon sehr krank. Dennoch versäumte es Mrs Cawley, die Angehörigen zu informieren. Jane Cooper war es, der es gelang, ihre

Mutter zu benachrichtigen, welche ohne Umschweife mit Mutter Austen zusammen nach Southampton reiste und die Mädchen aus der fahrlässigen Pflege von Mrs Cawley befreite. Die Mädchen erholten sich langsam. Tragischerweise jedoch steckte sich Mrs Cooper an und starb einen Monat später.

Im darauffolgenden Sommer schickte der trauernde Mr Cooper die Halbwaisen in die Schule. Sohn Edward gab er nach Eton, die dreizehnjährige Tochter Jane Cooper in ein Mädchenpensionat nach Reading, ein Ereignis, an das sich Jane Austen Jahre später erinnert haben musste, als sie in *Stolz und Vorurteil* über die mutterlose Georgiana Darcy schrieb, die in eine Schule geschickt wurde, und über Anne Elliots ähnliche Erfahrungen in *Überredung*: »Anne war unglücklich gewesen, als sie in die Schule kam; in ihrer Trauer um die heißgeliebte Mutter und in ihrem Schmerz über die Trennung von zu Hause hatte sie so sehr gelitten, wie ein empfindsames, ernstes vierzehnjähriges Mädchen in einer solchen Zeit nur leiden kann.«

Offenbar war Mr Cooper sehr zufrieden mit der Schule; und so blieb Jane Cooper nicht nur weiterhin dort, sondern es gesellten sich im Sommer danach, 1785, auch Cassandra und Jane Austen hinzu. Cassandra war zwölf Jahre alt, Jane erst neun. Die Austens waren sich nicht sicher, ob Jane nicht noch zu jung für zusätzliche Bildung sei. Doch Jane wollte – wie zuvor schon – nicht von der Seite ihrer Schwester weichen. »Ohne ihre Schwester hätte sie sich elend gefühlt«, schrieb ihr Neffe James Edward in seinen *Memoiren*. Seine Schwester Anna erinnerte sich daran, dass Mutter Austen einmal sagte: »Es war ihr eigenes Zutun; sie wollte bei Cassandra sein, und wenn Cassandra hätte der Kopf abgeschlagen werden sollen, sie hätte auch ihren hingehalten.«

Das Mädchenpensionat von Reading mag Jane zu Mrs Goddards »alter Schule«, dem »richtigen, ehrlichen, altmodischen Mädchenpensionat«, inspiriert haben, das Harriet Smith in *Emma* besucht:

Mrs Goddard leitete die Schule – kein Seminar, keine Anstalt oder etwas, was in geschraubten, unsinnigen Sätzen behauptet, auf neuer Grundlage und nach neuen Systemen höhere Bildung mit eleganter Moral zu verbinden – und wo man junge Damen

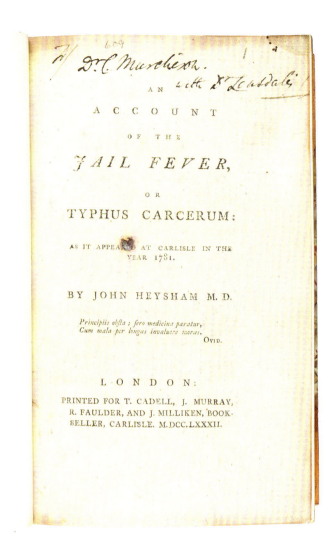

für ein Heidengeld um ihre Gesundheit bringen und zu eitlen Dingern machen lassen kann –, sondern ein richtiges, ehrliches, altmodisches Mädchenpensionat, wo man ein vernünftiges Maß an Fertigkeiten zu einem vernünftigen Preis verkauft und wo man Mädchen hinschicken kann, damit sie nicht im Wege sind und sich ein bisschen Bildung aufklauben, ohne gleich Gefahr zu laufen, dass sie als Wunderkinder zurückkommen.

Wie Harriet, so zählten auch die Austen-Schwestern zur besonderen Gruppe der »Salonschülerinnen«. Vater Austen zahlte für jede Tochter 35 Pfund Kostgeld im Jahr, das war mehr als das Dop-

pelte dessen, was Internatsschülerinnen gewöhnlich zu zahlen hatten. Das Mehr an Kostgeld brachte auch ein Mehr an Privilegien, zu denen auch die Teestunden und Abendmahle mit der Eignerin, Mrs Latournelle, in ihrem Salon gehörten. Das Meiste, was wir heute über die Erfahrungen wissen, die die Austen-Mädchen im Pensionat gemacht haben könnten, stammt aus der Feder einer Mitschülerin, Mary Butt, die nach Reading kam, kurz nachdem die Austen-Schwestern das Pensionat verlassen hatten. Mary, aus der die gefeierte Autorin Mary Sherwood wurde, beschreibt die Schule mit Worten, die die fiktive Schule Mrs Goddards heraufbeschwören und der Vermutung der Austen-Inspirationsquelle Nachdruck verleihen. Sie erinnert sich daran, wie Mrs Latournelle sie als neue Schülerin willkommen hieß: »In einem getäfelten Salon, die Täfelung etwas matt schon, der Raum aber war rundherum mit Bildstickereien behängt, auf denen Gräber und Trauerweiden zu sehen waren. In einer Ecke stand ein stoffbespannter Paravent, auf dem erhabenen Kaminsims so manche Miniatur.« Eine Szenerie, die sehr an Mrs Goddards Salon in *Emma* erinnert.

Sarah Latournelle war als einfache Esther Hackett zur Welt und später als Französischlehrerin nach Reading gekommen (obgleich Mary Sherwood behauptete, sie »habe nie auch nur ein Wort Französisch sprechen können«). Als die damalige Schulleiterin starb, übernahm sie das Pensionat und beschloss, dass »Latournelle« ein angemessener Name sei für die Eignerin einer Schule für höhere Töchter. Sie pflegte gute gesellschaftliche Beziehungen, war aber – so Mary Sherwood – keine sonderlich kultivierte oder gebildete Frau:

Mrs Latournelle war eine Frau der alten Schule, kräftig, kaum jünger als 70, aber sehr aktiv, obwohl sie ein Korkbein hatte. Wie sie das leibhaftige verloren hatte, hat sie nie erzählt. Alltäglich und schlicht war ihr Geist, doch überaus nützlich, um Tees zu veranstalten und Abendmahle zu organisieren; ohne solch überaus nützliche, einfache Menschen würde ein Haus dieser Art glatt in Stückwerk zerfallen.

Jane Austen muss Mrs Latournelle in liebevoller Erinnerung gehabt haben, daher die Güte in ihrer Beschreibung einer ähnlichen Schulleiterin in *Emma*:

(Mrs Goddard) war eine ungekünstelte, mütterliche Frau, die in ihrer Jugend viel gearbeitet hatte und sich jetzt berechtigt glaubte, sich gelegentlich die Zeit zu einem Teebesuch zu nehmen; und da sie Mr Woodhouses Güte einst viel verdankte, so glaubte sie es ihm zu schulden, dass sie ihre ordentliche, ringsum mit Nadelarbeiten ausgehängte Stube verließ, sooft sie konnte, um an seinem Kamin ein paar Sixpence zu gewinnen oder zu verlieren.

Das Mädchenpensionat in Reading war im Torhaus untergebracht, einem Überbleibsel des zerfallenen Klosters dort, und in einem großen, zweigeschossigen Haus mit Dachkammern. »Der

GEGENÜBER Titelblatt von *Ein Bericht über das Fleck- oder Kerkerfieber*, von John Heysham, 1782
OBEN *Les Deux Ami (Die zwei Freundinnen)*, von John Raphael Smith, 1778

FORT ZUR SCHULE

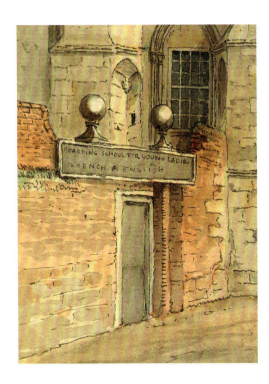 

LINKS Detail, *Das Torhaus, Kloster Reading*, von Samuel Hieronymus Grimm, undatiert
RECHTS *Kloster Reading*, 1784

schönste Teil des Hauses war von einem wunderschönen, altmodischen Garten umgeben«, erinnert sich Mary Sherwood, »in welchem die jungen Damen umherspazieren durften, unter hohen Bäumen, an heißen Sommerabenden, und der an zwei Seiten durch eine künstlich angelegte Böschung begrenzt war, von der aus wir auf die herrlichen Ruinen hinunterschauten.« Im Obergeschoss befanden sich die Schlafsäle mit ihren vier bis sechs Betten, von denen sich je zwei (der zu Sherwoods Zeiten 60 oder 70) Mädchen eines teilten. Im Erdgeschoss lagen die Haupträume, darunter auch das Klassenzimmer, in welchem die Morgengebete und Unterrichtsstunden abgehalten und früh und mittags die Mahlzeiten eingenommen wurden. Es gab einen großen Ballsaal, in welchem das Tanzen gelehrt und der manchmal auch als Theater ausstaffiert wurde, mit »Rampenlicht und allem Drum und Dran«, in dem die Mädchen Stücke aufführten. Mrs Latournelle hatte zuvor vermutlich mit dem Theaterspiel zu tun gehabt. Sie verfügte über einen großen Fundus an Geschichten von Schauspielern und vom Leben hinter den Kulissen, die sie bei jeder sich bietenden Gelegenheit gern zum Besten gab.

Welche Fächer Cassandra und Jane an dieser Schule belegten, ist nicht bekannt, auch nicht, welche ihrer erworbenen Fertigkeiten auf die formale Schulbildung und welche auf die häusliche Bildung zurückzuführen sind. Neben den Fächern Französisch und Tanzen erwähnt Mary Sherwood »Musik, Nadelarbeit, Zeichnen, Schreiben und Rhetorik«, und zwar als »jede Art von Fertigkeiten, in denen eine junge Dame unterwiesen werden sollte«. Auf eine eher akademische Bildung wurde hier kein besonderer Wert gelegt. Als Erwachsene wären Jane und Cassandra sicher als derart versiert bezeichnet worden, wie es Charles Bingley in *Stolz und Vorurteil* beschreibt: »Mich wundert es immer wieder«, so Bingley, »dass die jungen Mädchen heutzutage die Zeit und die Geduld haben, so viel zu lernen. … Alle können sie doch malen, Lampenschirme herstellen und Stricksachen anfertigen. Und damit fängt es erst an – man trifft doch kein junges

Mädchen mehr, ohne erfahren zu müssen, was sie alles kann und gelernt hat.« Jane und Cassandra konnten fließend Französisch lesen und auch etwas Italienisch. Cassandra zeichnete sehr gut, Jane spielte Klavier und fertige wunderbare Stickarbeiten. Doch auch in Geschichte und Literatur hatten sie einige Kenntnisse aufzuweisen, die zweifelsohne auf Vater Austens Unterweisungen und seine Ermunterungen zum steten Lesen zurückzuführen waren.

Im Frühjahr 1786 waren Vater Austens finanzielle Mittel derart beschränkt, dass er Cassandra und Jane von ihrem Status als Salonschülerinnen zu regulären Schülerinnen herabsetzte und im Dezember endgültig von der Schule nahm. Jane und Cassandra waren von nun an auf häusliche Fortbildung gestellt, ganz wie die Bennet-Schwestern in *Stolz und Vorurteil*: »Jene unter uns, die lernen wollten, brauchten keine anderen Mittel. Wir wurden stets zum Lesen angehalten, und wir hatten alle Lehrmeister, die es brauchte. Wer lieber müßig ging, hätte sicher andere Mittel nötig gehabt.« Die Austen-Schwestern waren wohl erzogen und versiert, und zwar im besten Wortsinne. Müßiggang pflegten sie ganz sicher nicht.

Dr. Syntax besucht eine Internatsschule für junge Damen, von Thomas Rowlandson, 1821

FORT ZUR SCHULE

OBEN *Die Gebäude Axford & Paragon* aus *Bath in Ansichten*, von I. Hill, nach Jean Claude Nattes, 1806
GEGENÜBER Titelseite von *Der Neue Bath-Stadtführer*, von Christopher Anstey, 1807

BATH

Sie kamen in Bath an. Catherine war ganz Eifer und Entzücken; ihre Blicke waren hier, da, überall, als sie sich der schönen und eindrucksvollen Umgebung näherten und dann durch die Straßen zum Hotel fuhren. Sie war hergekommen, um glücklich zu sein, und sie war es schon.

DIE ABTEI VON NORTHANGER

Die junge Jane Austen hatte den modischen Badeort schon vor der Pensionierung ihres Vaters mindestens zwei Mal besucht. Ihre Erfahrungen inspirierten sie zu vielen Szenen des Romans *Die Abtei von Northanger* (damals noch *Susan*), den sie nach der Rückkehr von ihrem ersten Besuch zu schreiben begann. Im November 1797 reisten Mutter Austen, Cassandra und die einundzwanzigjährige Jane nach Bath, um zu sehen, ob die berühmten Römischen Bäder und Wässer eine heilsame Wirkung auf Mutters Gesundheit hätten. Einen Monat lang logierten sie im Paragon Nr. 1, bei Mutter Austens wohlhabendem Bruder James Leigh-Perrot und seiner Frau Jane, und schlossen sich den Scharen weiterer Besucher an, die zur Erholung oder bloßen Unterhaltung in die Stadt gekommen waren:

Kein Ort in England leistet einem das ganze Jahr über so bravourös und vornehm Gesellschaft wie Bath. Ob jung oder alt, ernst oder heiter, gebrechlich oder gesund: An diesen Ort der Zerstreuung kommen alle. … Das stete Herumziehen der jüngeren Generationen belebt und stimmt fröhlich. Den Morgen verbringt man in der Trinkhalle; die folgenden Stunden bis zum Nachmittag beim Wandeln auf den Promenaden oder in den verschiedenen Stadtvierteln, um Geschäfte anzusehen; dann geht es zurück zur Trinkhalle, und nach einem erfrischenden Wässerchen zum Dinner, und vom Dinner zum Theater (das für sein herausragendes Ensemble bekannt ist) oder zu den Sälen, in denen man den Abend bei Tanz oder Kartenspielen ausklingen lassen kann.

DER NEUE BATH-STADTFÜHRER, ODER: EIN NÜTZLICHES TASCHENHANDBUCH, 1799

Mr Leigh-Perrot besuchte Bath, um – wie Mr Allen in *Die Abtei von Northanger* – »seine Gicht zu kurieren«. Wer zu Heilzwecken nach Bath kam, ließ sich heiße Bäder zur Linderung rheumatischer Gelenkschmerzen und zur Heilung von Hautkrankheiten angedeihen und nahm in der Trinkhalle ein Glas heißen Quellwassers mit »feinem, schwefelig eisenhaltigem Geschmack« zu sich und lauschte dabei dem Spiel eines kleinen Kammerorchesters. Die junge Catherine Morland interessiert sich in *Die Abtei von Northanger* mehr für das Treffen mit Freunden dort:

Am nächsten Tag eilte Catherine mit ungewöhnlichem Eifer in die Trinkhalle, insgeheim überzeugt, Mr Tilney dort zu sehen, bevor der Morgen vorüber war, und bereit, ihn mit einem Lächeln zu begrüßen; aber kein Lächeln wurde abverlangt – Mr Tilney erschien nicht. Jedermann in Bath ließ sich zu verschiedenen Zeiten innerhalb der standesgemäßen Stunden in der Halle blicken – nur er nicht. Jeden Augenblick schoben sich Massen

GEGENÜBER *Ein neuer und exakter Stadtplan von Bath*, 1800
OBEN RECHTS The Paragon, ein Straßenzug in Bath
RECHTS Queen Square, Bath

von Leuten herein und hinaus, stiegen treppauf und treppab, Leute, aus denen sich bestimmt niemand etwas machte und die kein Mensch zu sehen verlangte, nur er war nicht da.

Die erste Fassung von *Die Abtei von Northanger* vollendete Jane nach ihrer zweiten Bath-Reise, die sie im Mai 1799 mit ihrem Bruder Edward und seiner Familie antrat. Edward war wegen seiner – wie er fürchtete – Gicht-Symptome ein Besuch in Bath verordnet worden. Zusammen mit seiner Frau, den zwei ältesten Kindern, Mutter Austen und Jane logierte er im Queen Square Nr. 13 (bis heute erhalten), einem Teil des prächtigen Gebäudekomplexes, die John Wood der Ältere zur Verschönerung Baths entworfen hatte. »An architektonischer Korrektheit und elegantem Design sind die Häuser dieses Areals nicht zu übertreffen«, schwärmte der Autor von *Ein bildreicher Führer durch Bath* (1793). Sofort nach ihrer Ankunft berichtete Jane ihrer Schwester Cassandra von ihrer möblierten Unterkunft:

Das Haus gefällt uns außerordentlich gut. Die Größe der Zimmer entspricht ganz unseren Vorstellungen. Mrs Bromley ist eine dicke Frau in Trauerkleidung, und ein kleines schwarzes Kätzchen rennt auf der Stiege herum … Wir haben zwei schöne große Zimmer, mit schmutzigen Bettdecken zwar, aber sonst ist alles sehr behaglich. Ich habe das äußere und größere Zimmer – wie es sich gehört –, das bestimmt genauso geräumig ist wie unser Schlafzimmer daheim, und Mamas ist auch nicht wesentlich kleiner. … Unser Quartier gefällt mir sehr gut; es ist viel freundlicher als das im Paragon, und die Aussicht vom Salon, in dem ich nun sitze und schreibe, ist fast malerisch: Man hat die ganze linke Seite der Brock Street im Blick, wobei drei Pappeln im Garten des letzten Hauses in Queens Parade das Bild untergliedern.
17. MAI 1799

Auch über die Unternehmungen ihrer Familie schrieb Jane ihrer Schwester begeistert. Edward »besucht die Hetling-Trinkhalle,

LINKS OBEN *Annehmlichkeiten von Bath: Die Trinkhalle*, von Thomas Rowlandson, 1798
LINKS Eingang zu Trinkhalle und Kurbad in Bath

AUF DEN SPUREN VON JANE AUSTEN

morgen soll er baden, und am Dienstag versuchen sie es mit Strom«, eine damals radikale neue Therapie, »doch wir versprechen uns keinen Erfolg davon« (2. Juni 1799). Sie tranken Tee mit Freunden, besuchten ein Theaterstück und eine Gala-Nacht mit Konzert und Feuerwerk in den Sydney-Gärten, und sie tätigten Einkäufe in einigen der vielen verführerischen Geschäfte. »Bath ist eine entzückende Stadt«, sagt Mrs Allen in *Die Abtei von Northanger*, »es gibt hier so viele gute Läden«. Jane erstand spitzenbesetzte Mäntel für sich und Cassandra, kaufte Geschenke und ging auf Schnäppchenjagd nach Material und Besatz für Hüte und Hauben:

Gestern habe ich Gaze in einem Geschäft in der Bath Street gesehen, nur vier Schilling der Yard, aber sie war nicht so gut und auch nicht so hübsch wie meine. Blumen werden jetzt sehr viel getragen, und Früchte sind noch beliebter. Elizabeth hat einen Bund Erdbeeren, und ich habe Trauben, Kirschen, Pflaumen und Aprikosen gesehen. … Wir waren in dem billigen Geschäft und fanden es wirklich billig. Aber dort werden nur Blumen hergestellt, keine Früchte. … Außerdem kann ich nicht umhin, es natürlicher zu finden, wenn einem Blumen statt Früchte aus dem Kopf wachsen. Was ist Deine Meinung zu diesem Gegenstand?
2. & 11. JUNI 1799

Doch obgleich Jane diese kurzen Bath-Besuche augenscheinlich genoss, mag sie es eher mit der Ansicht von Catherine Morlands flüchtiger Freundin Isabella Thorpe in *Die Abtei von Northanger* gehalten haben: »Für ein paar Wochen ist es hier ganz wunderbar, aber wohnen möchte ich hier nicht für eine Million.« Auch aus ihrem letzten Roman *Verführung* lässt sich ihre Meinung vom Umzug ihrer Familie nach Bath im Jahr 1801 herauslesen; Anne Elliot, die liebenswürdige Hauptfigur, ist gezwungen, ihr geliebtes Elternhaus auf dem Lande für Bath zu verlassen. Lady Russel, Annes Freundin, genießt die Geschäftigkeit und sogar die Geräusche der Stadt, wo »Kutschen rollten und Lastkarren rumpelten,

RECHTS OBEN *Ein Hutladen*, von Thomas Rowlandson, 1810
RECHTS Ladenfront aus dem frühen 19. Jahrhundert, Argyle Street, Bath

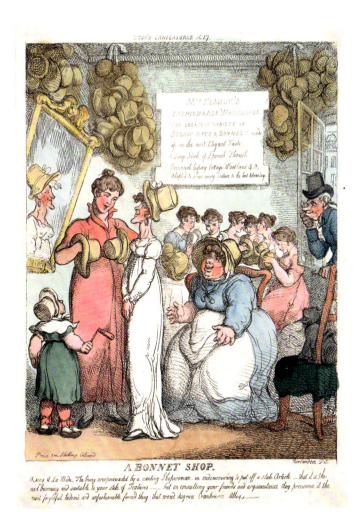

BATH

Händler mit lauten Rufen ihre Zeitungen, Brötchen und Milch anpriesen und die Holzschuhe unaufhörlich klapperten … denn diese Geräusche gehörten zum Wintervergnügen«. Anne selbst jedoch »blieb bei ihrer sehr entschiedenen, wenn auch gänzlich verschwiegenen Abneigung gegen Bath; der erste verschwommene Anblick der vielen Häuser im Regendunst weckte nicht den Wunsch, sie aus der Nähe sehen zu können. … Sehnsüchtig dachte sie an … Kellynch zurück.« Etliche Jahre später schrieb eine Großnichte, dass Jane »das Land sehr geliebt habe und ein solches Entzücken an der Natur fand, dass sie manches Mal sagte, sie hielte sie für eine der Freuden des Himmels«. Ein Tausch der gefälligen Landschaft von Steventon in Hampshire gegen die »blendende Grellheit« von Bath und der Verlust nicht nur der ländlichen Umgebung, sondern auch »der ländlichen Freiheit, des Wanderns in ungebundener, köstlicher Einsamkeit von Ort zu Ort« *(Verstand und Gefühl)* müssen schmerzvoll für sie gewesen sein.

Die Wahl eines Wohnortes in Bath erwies sich für die Austen-Familie als schwierig. Anfang des Jahres 1801 waren Janes Briefe an Cassandra voller Debatten und Diskussionen um verschiedene Wohnviertel der Stadt; bezahlbar und doch begehrt sollte die neue Bleibe sein. Einige Gegenden waren viel zu teuer, so zum Beispiel Camden Place, wo im Roman *Überredung* der komisch arrogante Sir Walter Elliot und seine Tochter leben: »Sir Walter hatte ein sehr gutes Haus in Camden Place gemietet, geräumig und vornehm, wie es einem angesehenen Manne gebührt.« Jane und Cassandra hofften anfangs, die Familie würde ein Haus am Laura Place finden – in *Überredung* hatte sich die Witwe Vicomtesse Dalrymple »für drei Monate am Laura Place eingemietet und würde ein großes Haus führen« –, befürchteten dann jedoch, die Gegend sei zu teuer. »Ich teile Deinen Wunsch, am Laura Square zu wohnen, wage aber nicht, darauf zu hoffen. Mutter verzehrt sich nach dem Queen Square.« Jane war die Nähe zum Grünen wichtiger. »Wie schön wäre es, in der Nähe von Sydney Gardens zu wohnen! Wir könnten dann jeden Tag in den Irrgarten gehen« (22. Januar 1801). Vater Austen sorgte sich anfangs wohl weniger um die Lage als um den Mietpreis, berichtete Jane, besann sich mit der Zeit jedoch eines anderen. »Im Moment scheint die Umgebung von Laura Place seine erste Wahl zu sein. Seine Ansicht zu diesem Thema hat sich stark gewandelt, seit ich zurück bin; er wird recht anspruchsvoll und erstrebt inzwischen

LINKS Londoner Kopfbedeckungen für Mai, aus *Mode in London und Paris*, 1800
GEGENÜBER Palastfassade an der Nordseite des Queen Square

ein bequemes und achtbar erscheinendes Haus« (14. Januar 1801). Die Debatte umfasste letztlich auch die Frage, wie viele Bedienstete man sich dazu noch leisten könne. »Mutter sieht dem Umstand, dass wir zwei Hausmädchen halten werden, mit ebensolcher Gewissheit entgegen wie Du. Einzig Vater ist noch nicht in unser Geheimnis eingeweiht. Wir haben vor, eine ständige Köchin und ein junges, leichtfertiges Hausmädchen zu beschäftigen, dazu einen ruhigen Mann in mittleren Jahren, der das zweifache Amt des Ehemanns der Ersten und Liebhabers der Zweiten übernehmen muss. Kinder sind natürlich auf keiner der beiden Seiten erlaubt.« Den größten Teil des Mobiliars der Austens würde man zurücklassen, schrieb Jane an Cassandra:

Vater und Mutter sind sich der Schwierigkeit bewusst, in Bath ein solches Bett wie ihr eigenes zu finden, und haben in ihrer Weisheit beschlossen, es mitzunehmen. Es werden alle nötigen Betten mitgenommen, auch unsere beiden, das beste als Ersatz und zwei für Dienstboten. … Ich glaube nicht, dass eine unserer Kommoden den Umzug lohnt. Wir können ein paar geräumige aus Kiefernholz kaufen, die angestrichen sehr hübsch aussehen. Ich schmeichle mir schon jetzt, dass unsere Wohnung, was kleine Behaglichkeiten anbelangt, eine der vollkommensten in ganz Bath sein wird. … Mutter bittet ja, unter allen Umständen mit der Einrichtung unseres Hauses in Bath verschont zu bleiben – und ich habe versprochen, dass Du freiwillig alles übernehmen wirst.

3. JANUAR 1801

Im Mai reisten Mutter Austen und Jane nach Bath, um ernsthaft auf Wohnungssuche zu gehen, und logierten wieder bei den Leigh-Perrots. Sie sahen sich Gebäude am Green Park an, die sie

BATH

aber als zu feucht befanden, und einige Häuser in der New King Street. »Ich fand sie viel kleiner als erwartet. Vor allem das eine war geradezu gigantisch klein – das beste Wohnzimmer gerade einmal so groß wie der kleine Salon in Steventon, und das zweite Zimmer auf jedem Stockwerk bot nur Raum für ein sehr schmales Einzelbett« (21. Mai 1801). Ein anderes Mal sahen sie sich ein Haus in der Seymour Street an, »aber das Haus wirkte nicht einladend. Der größte Raum im Erdgeschoss ist nicht viel größer als 14 Fuß im Quadrat und liegt nach Westen« (12. Mai 1801). Im Vergleich zur gewohnten Geräumigkeit ihres Landhauses mussten ihnen die schmalen Reihenhäuser von Bath sehr beengt vorgekommen sein. Selbst die prächtigsten Häuser der Wohlhabenden wirkten klein gegenüber den Gutshäusern, die sie verlassen hatten. Anne Elliot in *Überredung* ist niedergeschlagen, als sie sich des Gegensatzes zwischen dem Wohnsitz, den ihr Vater in Bath gefunden hatte, und dem Familienlandsitz bewusst wird:

Ihr Haus war zweifellos das beste am Camden Place, ihre Empfangszimmer unterschieden sich vorteilhaft von allen anderen, die sie gesehen hatten oder durch die Beschreibung kannten, und zwar waren die Zimmer nicht nur besser vorgerichtet, sondern besaßen auch geschmackvollere Möbel. … Anne … musste wiederum seufzen und lächeln und sich wundern, dass die einstige Herrin von Schloss Kellynch imstande war, auf einen Raum stolz zu sein, dessen Wände nur etwa 30 Fuß voneinander entfernt waren.

Am 21. Mai schließlich erschien im Wochenblatt *Bath Chronicle* ein attraktives Angebot:

Vermietung des Hauses Sydney Place Nr. 4, für drei Jahre und ein Viertel, die zu Mittsommer ablaufen. Die Lage ist begehrenswert, die Miete sehr niedrig, der Vermieter ist vertraglich verpflichtet, die ersten beiden Etagen diesen Sommer neu zu streichen. Ein Aufgeld ist daher zu erwarten. Gesuche an die Herren Watson und Foreman, Cornwall Buildings, Bath.

Endlich hatten die Austens ihr Haus gefunden. Sydney Place Nr. 4 war Teil einer Gruppe von Reihenhäusern direkt gegenüber den Sydney Gardens, in der Nähe der Pulteney Street. Die Häuser aus dem im Umland gewonnenen, goldgelben Bath Stone waren schmal, etwa 20 Fuß breit, und hatten vier Stockwerke und einen Keller. Wie bei anderen Reihenhäusern auch, erweckten die einheitliche Front und die wiederholten architektonischen Details den Eindruck eines großen, fast palasthaften Gebäudes. Die Gegend war grüner und ansprechender als viele andere in Bath, was Jane gefallen haben muss. Vom vorderen Zimmer des Hauses aus konnte man die Sydney Gardens überblicken, aus den Hinterzimmern sah man über unbebaute Auen. Direkt hinter dem Haus lag – vor dem Blick von Passanten und Nachbarn versteckt – ein langer, schmaler, eingefriedeter Garten. Er war winzig, verglichen mit jenem in Steventon, bot aber genügend Platz für einen Gartenweg aus Kies oder Schieferplatten und ein paar Blumen.

Von der Eingangshalle im Erdgeschoss führte ein Flur in den hinteren Teil des Hauses und eine Treppe nach oben. Links von der Eingangstür im Vorderhaus befand sich das Esszimmer, das auch als Wohnzimmer genutzt wurde; dahinter lag ein kleinerer Raum, der Vater Austen vermutlich als Arbeitszimmer diente. Im ersten Stock befand sich ein großer Salon mit hoher Decke, der sich über die gesamte Breite des Hauses erstreckte und von dessen drei großen Fenstern man über die Sydney Gardens sehen konnte. Dieser Salon war durch eine Flügeltür mit einem zweiten im Hin-

GEGENÜBER Vestibül und Salon, Sydney Place Nr. 4, Bath, aus *Jane Austen, Her Homes and Her Friends*, von Constance Hill, 1901
OBEN LINKS Sydney Place Nr. 4, Bath OBEN RECHTS Sydney Place, Reihenhaus, Bath

terhaus verbunden. Öffnete man diese, konnte aus beiden ein großer Saal gemacht werden. Im zweiten Stock lagen die Schlafzimmer der Familie – eins für Vater und Mutter Austen, eins für Jane und Cassandra und ein Gästezimmer. Die Dienerschaft schlief in den drei Zimmern des Dachgeschosses. Küche und Vorratskammern befanden sich im Keller. Wie die meisten Häuser in Bath verfügte auch dieses über Wasserleitungen, was den Austens als angenehmer Luxus erschienen sein muss im Vergleich zu Steventon, wo jeder Tropfen benötigten Wassers mit der schweren Pumpe aus dem Brunnen hinterm Haus geholt und dann Kübel für Kübel ins Haus getragen werden musste. Die für England typischen schmalen Stadthäuser amüsierten den Reisenden Louis Simond, Autor von *Reisetagebuch eines Aufenthaltes in Großbritannien in den Jahren 1810 und 1811*: »Diese schmalen Häuser, drei oder vier Stockwerke hoch – eins zum Essen, eins zum Schlafen, ein drittes für Gäste, ein viertes unter der Erde für die Küche, und vielleicht noch ein fünftes unter dem Dach für die Diener –, und die Leichtigkeit und Flinkheit, mit der die Bewohner auf- und abliefen und sich in den verschiedenen Stockwerken niederließen, vermitteln das Bild von einem Käfig mit Vögeln und Sitzstangen.« Sydney Place Nr. 4 steht noch heute. Jede der Etagen wurde zu einer separaten Ferienwohnung für Touristen ausgebaut.

Als die Austens nach Bath zogen, zählte die Stadt zu den größten und den attraktivsten Englands. »Die Häuser dieser Stadt sind prachtvoll und zeugen von gutem Geschmack«, schrieb der Autor von *Eine Reise durch den Süden Englands* (1793). »Die Straßen sind breit, gut gepflastert und sauber; der Markt ist ein großer, offener Platz; Park, Plätze und Promenaden bieten die erquicklichsten Flaniergelegenheiten.« Um die Jahrhundertwende zählte die Stadt mehr als 30.000 ständige Einwohner; dazu kamen vom Herbst bis zum Frühjahr um die 8.000 Besucher wöchentlich, insgesamt etwa 40.000 Besucher im Jahr.

Vater und Mutter Austen genossen das Leben in Bath, schrieb Enkelin Anna später. Sie »schienen sich an der Heiterkeit ihres Stadtlebens zu erfreuen, besonders vermutlich daran, dass sie sie auf ihre alten Tage, die trotz ihrer aktiven Naturen nun angebrochen und auch willkommen waren, erfahren durften. Ich hatte immer das Gefühl, als sei diese Zeit der kurze Urlaub in ihrem Eheleben gewesen.« Ihre Erinnerungen beschwören die Bilder des stillvergnügten Admirals Croft und seiner Frau in *Überredung* herauf: »Uns sagt (Bath) sehr zu. Wir treffen immer diesen oder jenen unserer alten Freunde, jeden Morgen sind die Straßen voll von ihnen, und es gibt immer viel zu erzählen; und danach ziehen wir uns von ihnen allen zurück, schließen die Wohnungstür

LINKS Queen Street, Bath RECHTS Bath Abbey, Bath

hinter uns zu, machen es uns in unseren Sesseln bequem und fühlen uns so behaglich, als wären wir in Kellynch.« Für Cassandra und Jane gab es hier deutlich mehr gesellschaftliche Möglichkeiten als im ländlichen Steventon. Möglicherweise hatten die Gedanken an die beiden alleinstehenden Töchter einen Anteil am Entschluss der Austen-Eltern, nach Bath zu ziehen. Die Stadt bot Einwohnern wie auch Gästen eine breite Palette an Vergnügungen. Außer den Parks, der Trinkhalle und den Theatern gab es etliche fahrende Bibliotheken, regelmäßig abgehaltene Konzerte und zwei ansehnliche Gesellschaftssäle, die Unteren und die Oberen Ballsäle. Nicht lange nach der Ankunft von Jane und Mutter Austen in Bath nahmen Mr und Mrs Leigh-Perrot Jane mit zu den Oberen Ballsälen. Die gesellschaftliche Saison neigte sich bereits dem Ende entgegen, Bath leerte sich, und Jane berichtete Cassandra:

Ich hatte mich so schön wie möglich gemacht, und zu Hause hat man meinen Putz sehr bewundert. Um kurz vor neun Uhr betraten Onkel James, Tante Jane und ich den Ballsaal, und Miss Winstone schloss sich uns an. Bis zum Tee war es eine recht langweilige Angelegenheit … es gab bloß einen Tanz, und den tanzten nur vier Paare. Stell Dir vier Paare vor, die, umringt von hundert Leuten, in den Oberen Ballsälen von Bath tanzten! Nach dem Tee besserte sich unsere Stimmung jedoch erheblich; viele, die vorher auf Gesellschaften gewesen waren, strömten nun zum Ball, und obwohl noch immer erschreckend wenige da waren, kamen doch genügend zusammen, dass es für fünf oder sechs hübsche Gesellschaften in Basingstoke gut gereicht hätte.
12. MAI 1801

Sie widmete sich ganz der Beobachtung der anwesenden Gäste und dem Sammeln ihrer Eindrücke, die sie dann Cassandra schildern würde. So entdeckte sie die geschiedene Mary Twisleton, die frühere Schwägerin eines der Leigh-Vettern der Austens, und auch die Tochter von Lord und Lady Saye and Sele, ebenfalls Cousin und Cousine der Leighs:

Ich bin ganz stolz darauf, dass ich ein gutes Auge für Ehebrecherinnen habe. … Eine gewisse Ähnlichkeit mit Mrs Leigh führte mich auf die richtige Spur. Sie ist nicht so hübsch, wie ich erwartet hatte. … Sie hatte sehr viel Wangenrot aufgelegt und wirkte eher still und zufrieden dümmlich als sonst etwas. Mrs Badcock und zwei junge Frauen bildeten eine Gruppe, die Mrs Badcock nur verließ, wenn sie sich verpflichtet fühlte, quer durch den Saal hinter ihrem betrunkenen Mann herzulaufen. Seine Flucht und ihre Verfolgung, wobei vermutlich beide beschwipst waren, gaben ein höchst vergnügliches Schauspiel ab.

In *Die Abtei von Northanger* schwärmt Jane Austen von den Sonntagen, »denn ein schöner Sonntag leert jedes Haus in Bath von seinen Bewohnern. Alle Welt scheint dann umherzuspazieren, und jeder erzählt seinen Bekannten, was für ein herrlicher Tag es ist.« Manch einem wurden Spaziergänge durch Bath gar verschrieben. In *Überredung* etwa waren Admiral Croft »als Mittel gegen die Gicht Spaziergänge verordnet worden, und Mrs Croft nahm wohl von allem, was ihn betraf, ihren Teil auf sich und lief, als gälte es ihr Leben, um ihm Gutes zu tun«. Andere wiederum fanden darin schlicht die Möglichkeit der gesellschaftlichen Unterhaltung. Die Gegend um den Royal Crescent, eine imposante, sichelartig angelegte Reihenhausformation mit wunderbaren Aussichten über die Stadt, war eine bevorzugte Flaniermeile. Jane selbst schlenderte so manche Sonntage hier entlang und traf sich mit Freunden und Bekannten. 1801 schrieb sie Cassandra: »Am Sonntag sind wir zwei Mal zur Kirche gegangen, und nach dem Gottesdienst spazierten wir noch etwas in der Crescent-Gegend herum, aber es war zu kalt, um lange draußen zu bleiben« (12. Mai). Und 1805: »Gestern hielten wir es nicht lange am Crescent aus. Es war heiß und das Viertel nicht ausreichend bevölkert, also gingen wir in die Felder« (8. April). Auch ihre Romanfiguren genossen die Spaziergänge am Crescent. So auch in *Die Abtei von Northanger*: »Sobald der Gottesdienst vorüber war, stießen die Thorpes und die Allens begierig zueinander; und nachdem sie sich lange genug in der Trinkhalle aufgehalten hatten, um festzustellen, dass die Menschenmenge unerträglich und dass kein einziges vornehmes Gesicht zu erblicken war – was während der Saison jedermann allsonntäglich entdeckt –, eilten sie fort zum Crescent, um die frische Luft besserer Gesellschaft zu genießen.« Jane mochte vor allen Dingen Spaziergänge in den Sydney Gardens. »Den gestrigen Tag über war ich sehr beschäftigt, zumindest mit meinen Füßen und Strümpfen«, schrieb sie Cassandra. »Ich bin den ganzen Tag gelaufen. Kurz nach eins ging ich in die Sydney Gardens und kam nicht vor vier zurück« (21. April 1805). Neben den herrlich grünen Pfaden boten die Sydney Gardens – auch bekannt als »Vauxhall von Bath« – ganz im Stile des Londoner Vergnügungsparks Reitwege, Bowling-Rasenflächen, Schaukeln, Wasserfälle und ein berühmtes Labyrinth, dessen Wege – so erzählte man sich – eine halbe Meile lang waren. Im *Neuen Bath-Stadtführer* wurden die »öffentlichen Nächte im Sommer« gepriesen, »mit Musik, Feuerwerk und großartiger Beleuchtung«. Jane, die sich selbst als »hoffnungslos vernarrte Spaziergängerin« bezeichnete, liebte es, auch weitere Strecken zu laufen. In ihren Briefen erzählte sie von ihren Wanderungen nach Weston, Twerton, Lyncombe, Widcombe und zu anderen Orten; und sicherlich bestieg sie, wie Catherine Morland in *Die Abtei von Northanger*, auch die Höhen des Beechen Cliff. »Bath vereint auf besondere Art die Vorzüge von Stadt und Land«, schrieb ein

LINKS Teesaal, auch Konzertsaal, der Gesellschaftssäle, Bath

amerikanischer Tourist 1808. »Nach wenigen Minuten zu Fuß ist man bereits inmitten bestellter Felder, umgeben von einer reizvollen Landschaft, an den Ufern eines schmalen Kanals oder jenen des romantischen Avon.« Möglich, dass Jane in der herrlichen Umgebung von Bath einen Ausgleich für die zurückgelassene ländliche Schönheit Hampshires fand.

Auch die Landschaften und die Städte rund um Bath waren beliebte Ziele für kutschfahrende Ausflügler. 1802 kaufte Vater Austen eine Ausgabe der *Ausflüge von Bath*, eines Reiseführers für Bath und Umland, der Anregungen für Ausfahrten zu Sehenswürdigkeiten und Herrenhäusern der Umgebung enthielt. Sorgfältig beschrieb der Autor die Gegend, die Architektur der einzelnen Herrenhäuser und die darin ausgestellten Kunstwerke. Eine der im Buch aufgeführten Attraktionen war das Blaise Castle, eine Folly (das heißt ein Zierbauwerk, das als Blickfang dient) aus dem Jahr 1766. »Das Auge des Reisenden wird sodann vom linkerhand liegenden, wunderschönen Park des Anwesens von Mr Harford angezogen: von Blaze-Castle. Aus der Mitte der Einfriedung erhebt sich eine kleine zuckerhutartige Anhöhe, deren düster bewaldete Flanken den unteren Teil eines gotischen, burgartigen Gebäudes kaschieren. Die stattlichen Türme überragen das Dunkel.« Diese pseudogotische Burg taucht auch in *Die Abtei von Northanger* auf, als John Thorpe Catherine Morland tatsächlich dazu bringt, mit ihm auszufahren:

GEGENÜBER Der Royal Crescent, Bath
OBEN *Straße zum Gefecht*, aus *Real Life in London*, 1821
RECHTS Blaise Castle, Bristol

»*Blaize Castle!*«, rief Catherine, »*was ist denn das?*«
»*Der schönste Fleck in ganz England; wert, dass man jederzeit 50 Meilen fährt, um ihn zu sehen.*«
»*Wieso? Ist es wirklich eine Burg, eine alte Burg?*«
»*Die älteste im Königreich.*«
»*Und ist sie auch wie die, von denen man liest?*«
»*Ganz genauso.*«
»*Im Ernst, gibt es da Türme und lange Korridore?*«
»*Zu Dutzenden.*«

Jane Austen amüsiert sich mit dem Leser über die arme Catherine, die es zu alten Spukschlössern und Burgen zieht und die schließlich von einem närrischen Mann zu einem närrischen modernen Abklatsch einer alten Burg gelockt wird. Jane selbst

BATH

47

fuhr gerne in der Gegend um Bath herum. »Gerade bin ich von meinem Ausflug mit dem berückenden Phaeton zurück«, berichtete sie Cassandra. »Wir … hatten eine überaus angenehme Fahrt. Ein Vergnügen jagt das nächste« (27. Mai 1801).

Nach Ablauf der Mietfrist für das Haus im Sydney Place beschlossen die Austens, sie nicht zu verlängern. Vater Austen verdiente im Jahr nur etwa 600 Pfund; die jährliche Miete von 150 Pfund erachteten er und seine Frau vermutlich als zu teuer, gemessen an ihrem knappen Budget. Nach ihrer Rückkehr vom Sommerurlaub am Meer zogen sie im Herbst 1804 auf die andere Seite der Stadt in ein Gebäude am Green Park, welches sie 1801 schon einmal in Erwägung gezogen hatten, als sie nach Bath übersiedelten. Die Green Park Buildings East und West waren attraktive Reihenhäuser, die zwei Seiten eines Dreiecks um einen offenen, grünen Platz bildeten, einen Teil der Kingsmead Fields, die sich bis hinunter zum Fluss Avon erstreckten. Jane hatte diese Gegend bei ihrer früheren Haussuche so gemocht, dass sie Cassandra schrieb: »Die Nähe zu den Kingsmead Fields wäre günstig« (3. Januar 1801). Von den Green Park Buildings hatte sie einst gesagt, sie seien in »Größe und Lage … so verlockend, dass zehn Minuten darin sattsam befriedigend sind« (21. Mai 1801). Die Gegend war reizvoll und bot hübsche Aussichten über den Fluss hinüber zum Beechen Cliff, »jene stattliche Höhe, die durch ihr schönes Grün und ihr dichtes, herabhängendes Gebüsch von fast jedem freien Platz in Bath den Blick fesselt« und durch die Jane Austens Heldin Catherine Morland in *Die Abtei von Northanger* mit Henry Tilney und dessen Schwester wandert. So nah am Fluss zu leben, könnte seine Nachteile haben – das Gebiet war überschwemmungsgefährdet. Die Austens hatten sich 1801 schon für zwei Häuser interessiert, Nr. 12 und noch eines, kamen aber aufgrund von Nässeflecken im Keller des einen Hauses davon ab. Ungeachtet der einstigen Vorbehalte gegenüber den »faulenden Häusern«, wie Jane sie nannte, zogen sie im Oktober 1804 in das Green Park Building East Nr. 3. Möglicherweise wollten sie hier nur vorübergehend bleiben, denn sie mieteten das Haus zunächst nur für sechs Monate. Über Möbel und Ausstattung dieses Hauses ist nichts bekannt, da keiner von Janes Briefen aus dieser Zeit erhalten ist und das Haus auch nicht mehr steht. Der Ostflügel der Green Park Buildings fiel 1942 dem als »Bath Blitz« bekannten Bombenangriff der deutschen Luftwaffe zum Opfer. Der Westflügel steht heute noch. Das neue Heim mochte jenen Häusern ähneln, die Jane damals schon reizvoll fand. »Wir haben alles besichtigt, bis auf die Mansarde. Das Speisezimmer ist angenehm groß, genau wie man es sich wünscht; der zweite Raum misst ungefähr 14 Fuß im Quadrat. Die kleine Suite über dem Salon gefiel mir besonders gut; es sind zwei Räume, von denen der kleinere ein hübsch bemessener Ankleideraum ist, in den man bei Bedarf ein Bett stellen könnte.« Die Befürchtung der Austens, dass die Feuchtigkeit der Räume in den Green Park Buildings auf die Gesundheit schlagen könne, mag nicht ganz unberechtigt gewesen sein. Vater Austen hatte in den letzten drei Jahren immer wieder unter »Fieberanfällen« gelitten, die Jane als einen »Druck im Kopf, gefolgt von Fieber, anfallartigen Krämpfen und größter Schwäche« beschrieb; doch war er bisher immer wieder genesen. Am 19. Januar 1805 jedoch erlitt er einen sehr viel stärkeren Rückfall, schien sich am nächsten Tag wieder etwas zu fangen, wurde aber rückfällig und starb tags darauf, am 21. Januar. Jane schrieb ihrem Bruder Francis, um ihn von der betrüblichen Nachricht in Kenntnis zu setzen:

Unser lieber Vater hat sein tugendhaftes und glückliches Leben beendet … Wer kann seiner zärtlichen Vaterliebe Gerechtigkeit widerfahren lassen? … Man drängt Mutter freundlich, nach Steventon zu gehen, sobald alles vorüber ist, aber ich glaube nicht, dass sie Bath im Moment verlassen wird. Wir müssen dieses Haus noch für drei weitere Monate behalten und werden wahrscheinlich auch bis zum Ablauf dieser Frist hier wohnen bleiben.

21. & 22. JANUAR 1805

Mutter Austen, Jane und Cassandra blieben tatsächlich nur aufgrund der verbleibenden Mietzeit in diesem Haus in den Green Park Buildings. Durch den Tod von Vater Austen und damit den Wegfall der Einkünfte aus den Grundstücken in Steventon und Deane verfügte Mutter Austen über deutlich weniger Geld. Mit den Zinsen aus ihren eigenen Geldanlagen und jenen aus den 1.000 Pfund, die Cassandra von ihrem Verlobten Tom Fowle nach dessen Tod geerbt hatte, kamen die Austen-Frauen auf 210 Pfund im Jahr; das war nur ein Drittel ihres vormaligen Einkommens. Jane ihrerseits hatte kein Geld beizusteuern. Doch glücklicherweise verpflichteten sich die lieben Söhne Henry, Francis und James, ihrer Mutter je 50 Pfund im Jahr zu zahlen; der wohlhabendere Edward gab 100 Pfund dazu. So kam Mutter Austen auf ein Jahreseinkommen von 460 Pfund, mit dem sie und ihre Töchter einigermaßen behaglich leben konnten, auch wenn Sparsamkeit und Umsicht geboten waren. »Ihr wird es sehr gut gehen«, schrieb Henry an Francis, »und da nun eine kleinere Unterkunft angemessen ist, die man auch bezahlen kann, glaube ich, dass meine Mutter und meine Schwestern ebenso wohlhabend sein werden wie zuvor. Sie werden keine Entbehrungen zu leiden haben und sich darüber hinaus von Zeit zu Zeit ein paar heilsame und erheiternde Aufenthalte bei Freunden leisten können« (28. Januar 1805).

Mutter Austen, Jane und Cassandra zogen zunächst in möblierte Zimmer in der Gay Street Nr. 25, unweit vom Circus und dem Royal Crescent, in die Nähe also des »verhältnismäßig ruhigen, einsamen Kiesweges«, auf dem Anne Elliot und Captain Wentworth nach ihrer Versöhnung in *Überredung* »ausnehmend glücklich« entlangschlenderten. Das Haus Nr. 25 steht noch

Gay Street, Bath

heute und beherbergt eine Zahnarztpraxis und eine Etagenwohnung darüber. In einem ähnlichen dieser Reihenhäuser, in Nr. 40, ist heute das Jane Austen Centre (siehe Weiterführende Informationen) untergebracht.

Über die Absichten seiner Mutter schrieb James Austen an seinen Bruder Francis: »Was ihre Zukunftspläne anbelangt, so hat sie sich noch nicht festgelegt, aber ich glaube, sie wird die Sommermonate bei ihren Verwandten und in der Hauptsache wohl bei ihren Kindern verbringen, die Wintermonate dagegen in komfortableren Unterkünften in Bath.« Tatsächlich verbrachten Mutter Austen und ihre Töchter den Sommer auf Edward Austens Anwesen in Godmersham in Kent (siehe Herrenhäuser) und reisten mit Edward und seiner Familie in das Seebad Worthing (siehe Am Meer), um sich dort ihrer lieben Freundin Martha Lloyd anzuschließen. Marthas Mutter war gerade gestorben, und die Austen-Frauen hatten beschlossen, Martha in ihren Haushalt aufzunehmen, woraus eine glückliche Verbindung erwuchs, die mehr als 20 Jahre anhalten und erst durch Marthas Hochzeit mit Francis Austen aufgelöst werden sollte, der sie 1828 zur zweiten Frau nahm.

Nach der Rückkehr nach Bath bezogen die Austens zeitweilig ein Haus in der Trim Street, die genaue Adresse ist jedoch nicht bekannt. Mutter Austen hatte Mühe, eine dauerhafte Bleibe zu finden, da sie nunmehr nur ein paar Zimmer benötigten, kein ganzes Haus. Sie war eine praktische Frau und musste die Notwendigkeit verspürt haben, die Ausgaben der Familie zu senken, ebenso wie sich die Elliots in *Überredung* fragten, »ob man irgendwie sparen könne, ob es … möglich erschiene, dass die Familie sich in irgendeiner Beziehung Einschränkungen auferlegte«. Die Trim Street liegt inmitten einer älteren, belebten Gegend von Bath und ist das ganze Gegenteil von den vormaligen Wohnsitzen mit ihren schönen Ausblicken auf die Sydney Gardens und den Beechen Cliff. Mutter Austen schien mit der Lage nicht sonderlich zufrieden. Der Vermerk »Trim Street, immer noch« in der Kopfzeile eines Briefes an ihre Schwiegertochter Mary Lloyd vom 10. April 1806 verrät ihren Unmut. Ein weiteres Angebot kam nicht zustande, und sie schrieb: »Von den Unterkünften am St. James Square sind wir enttäuscht. Eine andere Person will das ganze Haus mieten, und natürlich wird man ihn uns vorziehen, die wir nur einen Teil davon wollen. Wir haben uns auch ein paar andere Offerten angesehen, sind aber von der Gegend nicht sehr angetan. In ein paar Tagen – so hoffen wir – wird es mehr zur Auswahl geben, wenn nach dieser vergnüglichen Woche viele die Stadt wieder verlassen.«

Dann jedoch wollte es der Zufall anders. Kapitän Francis Austen war bei St. Domingo an einem Seesieg gegen Frankreich beteiligt und hatte als Kapitän eines der siegreichen Schiffe, der *Canopus*, Anspruch auf eine beträchtliche Prämie, nämlich auf seinen Anteil am Wert der bei dieser Schlacht erbeuteten Schiffe. Sein neu erlangter Wohlstand verlieh ihm genügend Sicherheit, um endlich die lange ersehnte Hochzeit mit Mary Gibson zu vollziehen. Sodann beschloss er, zusammen mit seiner Mutter und seinen Schwestern in die Küstenstadt Southampton in Hampshire zu ziehen und ihre Haushalte zusammenzuführen. So würde Mary Gesellschaft haben, wenn Francis zur See fuhr, und beide Familien würden von den gemeinsam getragenen Kosten profitieren; ein Plan, der – so schrieb er später – »sowohl seiner Vorliebe für eine häusliche Gesellschaft als auch dem Umfang seiner etwas begrenzten Einkünfte zugutekam«.

RECHTS Trim Street, Bath

Am 2. Juli 1806 verließen Mutter Austen, Jane, Cassandra und Martha die Stadt Bath. Jane mochte den Aufenthalt dort sehr genossen haben, doch die Belastungen des letzten Jahres – der Tod des Vaters und das Leben ohne festen Wohnsitz – hatten zweifelsohne dazu beigetragen, dass sie dieser Stadt erleichtert den Rücken kehrte. In einem Brief an Cassandra erinnerte sie sich dieser Empfindungen: »Morgen ist es zwei Jahre her, dass wir Bath verließen … welch großes Gefühl der glücklichen Flucht!« (1. Juli 1808). Den Sommer verbrachten die Austens mit Reisen, erst zum nahen Clifton, dann nach Adlestrop und zum Kloster Stoneleigh, Grundstücken von Vettern der Austens (siehe Herrenhäuser), und dann nach Hamstall Ridware, wo Neffe Edward Cooper lebte. Francis und seine Braut, das »liebliche Paar«, wie Jane sie nannte, verbrachten ihre Flitterwochen in Godmersham. Im Herbst trafen sich alle in Steventon wieder und zogen im Oktober von dort nach Southampton.

Das Schiff von Francis Austen, die *HMS Canopus*, von Thomas Dutton, nach Henry Andrews Luscombe, undatiert

REISEN & RUNDFAHRTEN

Martha hat versprochen, mit mir zurückzureisen, und wir haben vor, …
uns in eine Postkutsche zu werfen, eine über die andere, mit den Köpfen zur einen Seite
hinaus und den Füßen zur anderen.

BRIEF VON JANE AUSTEN AN IHRE SCHWESTER CASSANDRA, 30. NOVEMBER 1800

Jane Austen liebte das Reisen. Die Briefe an ihre Schwester, in denen sie von ihren Ausfahrten erzählt, haben einen fast übermütigen Ton, der verrät, wie sehr sie es genoss, in die Welt hinaus zu ziehen und Neues zu sehen. Obschon das Reisen in jenen Tagen frustrierend, beschwerlich und zuweilen auch gefährlich war, schien Jane die Unbequemlichkeiten solcher Touren gut wegzustecken. Ihre Briefe jedenfalls sind angefüllt mit heiteren und humorvollen Beschreibungen ihrer Erlebnisse, der guten wie der schlechten, und erzählen von den Straßen, dem Wetter, den Wirtshäusern und dem Essen, vor allem aber von der Landschaft. Über den Ausflug nach Bath 1801, den sie zwecks Wohnungssuche mit Mutter Austen unternahm, schrieb sie an Cassandra: »Unsere Reise hierher verlief ohne den geringsten Zwischenfall; wir wechselten an jeder Station die Pferde und zahlten an nahezu jedem Schlagbaum. Wir hatten hinreißendes Wetter, kaum Staub und benahmen uns höchst manierlich, da wir in drei Meilen nicht einmal sprachen« (5. Mai 1801). Nach einer Reise mit der Familie ihres Bruders James 1808 schrieb sie: »Gestern reisten wir ziemlich beengt, obwohl es sich für mich nicht schickt, Derartiges zu sagen, da ich mit meiner Boa dazu beitrug, und man davon ausgehen muss, dass ein dreijähriges Kind (ihre Nichte Caroline) zappelig ist. … Die Landschaft ist großartig. Ich sah genug, um die gestrige Reise für immer in staunender Erinnerung zu behalten« (15. Juni 1808). Der Brief an Cassandra, in welchem sie von ihrer Reise von Chawton nach London im Mai 1813 in einem offenen Zweispänner mit Bruder Henry erzählt, verdeutlicht ihre Freude am Herumfahren und Bewundern von Stadt und Land und auch ihre Bereitschaft, Widrigkeiten wie leichten Regen bei offenem Wagen gelassen hinzunehmen:

Der Regen hat uns nicht weiter geschadet; drei oder vier Mal wurde das Verdeck halb hochgeklappt, aber arg zu leiden hatten wir unter den Schauern nicht, obgleich sie heftig herniederzugehen schienen, als wir durch den Hog's Back fuhren. … Wir brauchten drei und eine viertel Stunde bis Guildford, wo wir knappe zwei Stunden blieben und gerade genug Zeit hatten, alles Notwendige zu erledigen, nämlich lange und ausgiebig zu frühstücken, uns die Kutschen anzusehen, Mr Harrington zu bezahlen und danach ein wenig spazieren zu gehen. Von den schönen Aussichten, die wir auf diesem Spaziergang hatten, war mir jener Moment in Guildford der liebste. Dort hätten wir gern mit all unseren Brüdern und Schwestern auf dem Bowling-Rasen gestanden und gen Horsham geschaut … Überhaupt war ich mit der Landschaft sehr zufrieden; besonders mit jener zwischen Guildford und Ripley, und um Painshill herum, und überall sonst. Auch von Mr Spicers Grundstück bei Esher, durch das wir vor dem Abendessen schlenderten, hat man großartige Aussichten. Ich kann gar nicht sagen, was wir nicht gesehen haben; wo wir auch hinschauten: Es gab keinen Wald, keine Wiese, keinen Palast und keine bemerkenswerte Gegend in England, die uns nicht zu

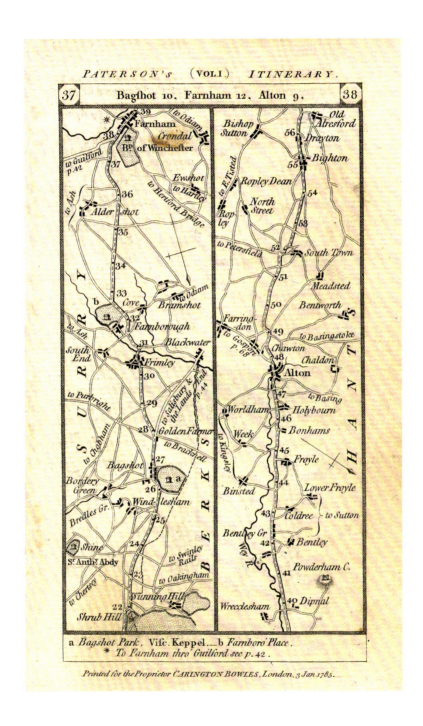

Straßen-Karte, auf der ein Teil der Strecke von London – über Chawton und Alton in Hampshire – nach Winchester zu sehen ist, aus *Patersons Britisches Reisetagebuch*, von David Paterson, 1785

REISEN & RUNDFAHRTEN

Füßen gelegen hat. Insgesamt war es eine hervorragende Reise, ich habe sie voll und ganz genossen. Das Wetter war uns die meiste Zeit des Tages hold; Henry fand es zu warm, er sprach zuweilen von Schwüle, doch für mein Behagen war es genau richtig.
20. MAI 1813

Den Gefallen am Reisen und Betrachten neuer Orte und wunderschöner Landschaften ließ Jane auch ihren Heldinnen angedeihen, von Elizabeth Bennet in *Stolz und Vorurteil*, die »sich in einer strahlenden Verfassung« befand, »in der ihr alles herrlich erschien«, bis hin zu Marianne Dashwood in *Verstand und Gefühl*, die sich »fast die ganze Fahrt über in Schweigen hüllte, ihren Gedanken nachhing und kaum einmal von sich aus sprach, es sei denn, irgendein Objekt von malerischer Schönheit in Sichtweite entrang ihr einen Ausruf des Entzückens«. Jane reiste ziemlich oft in die verschiedensten Winkel Südenglands, meist mit ihrer Familie, um Freunde oder Verwandte zu besuchen oder Urlaub an der Küste zu machen. Diese Erfahrungen schlugen sich später in den Schauplätzen ihrer Romane und in den Reiserouten der Hauptfiguren nieder. Schon als junges Mädchen reiste Jane mit ihrer Schwester von ihrem Dorf Steventon in Hampshire zur Schule nach Oxford in Southampton und nach Reading in Berkshire. Als die Mädchen älter wurden, fuhren sie mit der Familie in weiter entfernte Gegenden. Die erste dieser Reisen, die dokumentiert wurde, führte 1788 nach Kent, als Vater und Mutter Austen gemeinsam mit Jane und Cassandra die Cousins der Austens im Red House in Sevenoaks besuchten. Das Red House gehörte Vater Austens Onkel, Francis Austen, der George Austen und seine Geschwister in seine Obhut genommen hatte, als deren Vater früh starb. Auf dieser Reise besuchten sie auch Vater Austens Halbbruder, William Walter, und seine Familie in der Nähe von Seal, vermutlich im Grey House in der Church Street. William Walters siebenundzwanzigjährige Tochter Philadelphia beschrieb die fünfzehnjährige Cassandra als hübsch und ihr sehr ähnlich, war von Jane aber weniger angetan. »Die Jüngste (Jane) ist wie ihr Bruder Henry, gar nicht hübsch und überaus spröde, nicht wie ein Mädchen von zwölf Jahren«, schrieb sie ihrem Bruder, »aber das mag

GANZ OBEN *Kutschenkleid, aus Ackermanns* Repository of Arts, Dezember 1816
OBEN *Ein Gentleman mit zwei angeschirrten Braunen vor einem Zweispänner*, von John Cordrey, 1806

ein vorschnelles Urteil sein, für das Du mich schelten wirst. … Gestern verbrachten alle den Tag mit uns, und je mehr ich von Cassandra sehe, desto mehr bewundere ich sie; Jane ist launisch und affektiert.« Da fragt man sich unweigerlich, was die launische Jane ihrerseits über Philadelphia dachte.

In den folgenden Jahren kamen sie viel herum, manchmal gemeinsam mit den Eltern und manchmal ein jeder für sich, um Freunde, Brüder oder einen der unzähligen Cousins der Austens oder Leighs zu besuchen (Mutter Austen war eine geborene Leigh). Als junge Frauen reisten Jane und Cassandra mit den Eltern abermals nach Southampton, im Dezember 1793, um die Butler-Harrison-Cousins zu besuchen, die in einem Vorort von St. Mary's lebten. Zur heiteren Weihnachtsstimmung dort gehörte ein Ball im Dolphin Inn, an den sich Jane noch Jahre später gern erinnerte (siehe Southampton). Viel Zeit verbrachten sie auch mit den Lloyds, die von Deane bei Steventon nach Ibthorpe bei Hurstbourne Tarrant in Hampshire gezogen waren. In Kintbury in Berkshire besuchte man Familie Fowl, deren Söhne einst Vater Austens Schüler waren. Einer der Söhne, Thomas Fowl, war einige Jahre mit Cassandra verlobt, bevor er 1797 noch vor der Hochzeit tragisch an Gelbfieber starb. Eine weitere Familie, die man gern besuchte, war die von Mutter Austens Neffen Edward Cooper auf seinem Pfarrgut in Harpsden in Oxfordshire, auf dem er als Vikar diente. Einige Male besuchte die Familie auch Mutter Austens Leigh-Cousins in Adlestrop in Gloucestershire (siehe Herrenhäuser) und ihren Bruder und dessen Frau in Bath (siehe Bath).

Als Janes Bruder Edward vom Austen-Cousin Mr Thomas Knight II. und seiner Frau adoptiert wurde und dauerhaft nach Kent zog, besuchten ihn die Austens regelmäßig; erst in Rowling, als er noch ein junger Ehemann war, und, nachdem er das Anwesen in Godmersham geerbt hatte (siehe Herrenhäuser), auch dort. Manchmal hielt man auf dem Hin- oder Rückweg bei einem Cousin von Mutter Austen, Mr Cooke und seiner Frau, in Great Bookham in Surrey, etwa fünf Meilen von Box Hill entfernt, jenem Ort, an dem das unglückselige Picknick in *Emma* stattfand. Ob Jane Austen jemals selbst in Box Hill war, kann man

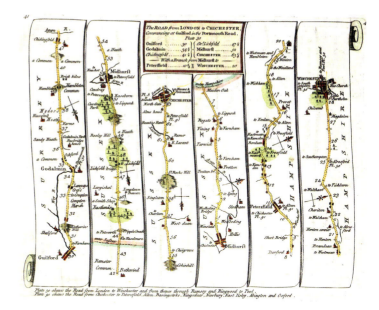

nicht mit Sicherheit sagen; sie gab jedoch stets an, in ihren Texten nur eigene Erfahrungen zu verarbeiten.

Mutmaßen ließe sich, dass die Cookes und die Austens – ebenso wie die Figuren in *Emma* – einen schönen Ausflug planten und dann einen »sehr erfreulichen Tag in Box Hill« verbrachten und dass Jane auf ebenso »wunderschöne Landschaften« hinabblickte

GANZ OBEN *Die Straße von London nach Chichester*, von Thomas Kitchin, 1767
OBEN *Box Hill, Surrey, mit Ausblick auf Dorking*, von George Lambert, 1733

REISEN & RUNDFAHRTEN

wie ihre Heldin Emma. Auf den Reisen nach Kent und zurück hielten sie ebenfalls oft bei Janes Bruder Henry in London, um dort für einen oder zwei Tage zu rasten. Jane und Cassandra besuchten Henry jedoch auch in anderen Zusammenhängen (siehe London).

Nachdem sich Vater Austen 1801 in Bath zur Ruhe gesetzt hatte, unternahm die Familie einige Reisen zu den Küsten von Dorset und Devon: 1801 vermutlich nach Sidmouth und Colyton, 1802 nach Dawlish und wahrscheinlich nach Teignmouth und 1803 nach Charmouth, Uplyme und Pinhay. Im November desselben Jahres und noch einmal im Sommer 1804 besuchten sie Lyme. Aller Wahrscheinlichkeit nach sind die Austens auf ihrer Reise 1802 sogar bis nach Tenby und Barmouth in Wales gefahren (siehe Am Meer).

Den nördlichsten Punkt ihrer Reisen erreichte Jane offenbar auf einem Ausflug 1806 mit ihrer Mutter, ihrer Schwester und Mutters Cousin, dem Pfarrer Thomas Leigh aus Adlestrop, zu dessen neu geerbtem Anwesen von Stoneleigh Abbey in Warwickshire (siehe Herrenhäuser). Von dort reisten sie weiter zur neuen Pfarrei von Janes Cousin Edward Cooper in Hamstall Ridware in Staffordshire und folgten damit einer Einladung, die sie zugunsten einer Küstenreise einst ausgeschlagen hatten.

Als Jane 1816 spürte, dass sich ihre Gesundheit langsam verschlechterte, fuhr sie mit ihrer Schwester Cassandra nach Cheltenham, einem Badeort in Gloucestershire, der durch Georg III. berühmt geworden war, welcher 1788 »ob der heilenden Wässerchen« dort einen Kuraufenthalt verbrachte. Janes Bruder James und dessen Frau Mary hatten dem Ort 1813 einen einmonatigen Besuch abgestattet; Grund genug für Jane zu testen, ob sich ihre Gesundheit durch die gepriesene Heilkraft der Mineralwässer bessern würde. Sie und Cassandra blieben mindestens zwei Wochen dort, doch Janes Zustand verschlechterte sich zusehends. Ihre letzte Reise unternahm sie nach Winchester, um sich in ärztliche Fürsorge zu begeben (siehe Winchester); dort starb sie 1817. Jane schien es nie bedauert zu haben, nicht ins Ausland gereist zu sein. Nur wenige Monate vor ihrem Tod schrieb sie an ihre Freundin Alethea Bigg: »Ich hoffe, Deine Briefe aus dem Ausland sind zufriedenstellend. Sie würden mich nicht zufriedenstellen, bekenne ich, wenn sie nicht ein tiefes Bedauern darüber verströmten, nicht in England zu sein« (24. Januar 1817).

Die Austens bereisten zwar Gegenden, die heute unweit voneinander entfernt scheinen, doch waren Ausflüge in jenen Tagen oft eine mehrtägige Angelegenheit und erforderten viel Organisation, Ärger und Geld. Kutschfahrten brauchten Zeit. Selbst, wenn die Kutsche standhielt und die Pferde gut liefen, betrug die Reisegeschwindigkeit im besten Falle sieben Meilen pro Stunde, mit Rastpausen. Unglaublich teuer war das Reisen auch. Pfarrer Thomas Leigh führte Buch über eine Reise, die ihn 1806 von Adlestrop zu seinem neuen Anwesen Stoneleigh Abbey in Warwickshire, von dort nach London und schließlich wieder zurück zur Stoneleigh Abbey führte. Seine Reisekosten und Spesen beliefen sich auf 58 Pfund, das war mehr als das Jahresgehalt von 54 Pfund, das Janes Bruder Henry ein Jahrzehnt später als Vikar in Chawton ausgezahlt bekam.

Den Austens standen sicherlich verschiedene Transportmittel zur Verfügung. Wohlhabendere Familien besaßen oft eine eigene Kutsche. Auch die Austens hatten in Steventon ein paar Jahre lang eine (später war sie ihnen jedoch zu kostspielig). Vor die Kutsche konnte man seine eigenen Pferde spannen, kam dann aber nur so weit, wie die Pferde laufen konnten, bevor sie eine Pause brauchten. Das hatte sehr lange Reisezeiten zur Folge. In *Die Abtei von Northanger* ist die Heldin Catherine Morland hocherfreut, mit ihren Freunden Henry und Eleanor Tilney zu deren Anwesen zu reisen, aber dann frustriert über den langen Aufenthalt in Petty France, der zur Fütterung und Rast von General Tilneys Pferden notwendig war. Als Jane mit ihrem Bruder Henry in dessen Kutsche nach London reiste, hatte er seine eigenen Pferde vorgespannt und hielt oft, um sie rasten zu lassen. Für die etwa 50 Meilen lange Strecke, die mit einem Auto heute in weniger als eineinhalb Stunden zurückgelegt werden, brauchte man so zwölf Stunden von der Abreise bis zur Ankunft. »Ich bilde mir ein, es war gegen halb sieben, als wir das Haus erreichten; ein Zwölf-Stunden-Tag, und die Pferde waren dementsprechend erschöpft«, schrieb Jane. »Ich war auch sehr erschöpft und freute mich darauf, früh zu Bett zu gehen, doch heute geht es mir wieder ziemlich gut« (20. Mai 1813).

Um schneller voranzukommen, konnten Reisende aber auch den ersten Abschnitt mit eigenen Pferden bestreiten und diese an einer Poststation dann durch Leihpferde ersetzen, welche wiederum an jeder weiteren Station – im Allgemeinen also alle zehn bis 15 Meilen – durch ausgeruhte Pferde ersetzt wurden. Meist spannte man zwei Pferde vor; wohlhabendere Reisende zuweilen vier. Die Qualität der Pferde konnte sehr unterschiedlich sein, wie Jane 1798 an Cassandra schrieb: »Es war fünf vor zwölf, als wir in Sittingbourne aufbrachen, von wo wir ein berühmtes Gespann Pferde hatten, welches uns in einer und einer Viertelstunde nach Rochester brachte. Der Postjunge schien entschlossen, Mutter zu zeigen, dass Kutscher aus Kent nicht immer saumselig sind. ... Unsere nächste Etappe ging nicht so zügig vonstatten. Die Straße war schlecht, und unsere Pferde waren sehr mittelmäßig« (24. Oktober 1798). Der Postjunge, den sie erwähnte, war ein Postillion, der die Pferde führte, indem er auf dem linken Pferd ritt, statt den Wagen vom Kutschbock aus zu lenken. In *Die Abtei von Northanger* unterhält der reiche General Tilney eine »elegante vierspännige Chaise« und für jedes Paar Pferde einen eigenen Postillion, »schön livrierte Stangenreiter, die sich so regelmäßig in ihren Steigbügeln hoben«, sehr zum Entzücken Catherines. Eine lustige Familienüberlieferung über Henry Austen und einen Postillion illustriert »den trockenen, originellen Humor, der so manch einem Familienmitglied eigen war«, schrieb dessen Großneffe, Lord Brabourne. »Er soll einst mit einem Verwandten zusammen auf einer holprigen Landstraße bei Steventon unterwegs gewesen sein. Doch die Reisegeschwindigkeit behagte seinem ehrgeizigen Temperament nicht, und so schob er seinen Kopf aus dem Kutschfenster und schrie den Postillion an: ›Tempo, Tempo, Junge!‹ Der ›Junge‹ drehte sich in seinem Sattel herum und sagte: ›Ich geh' auf Tempo, wo ich kann!‹ ›Du blöder Kerl!‹, war die Antwort. ›Das kann doch jeder Narr. Ich will, dass du auf Tempo gehst, *wo du nicht kannst*!‹«

Neben Pferden waren in den Poststationen auch Mietkutschen zu haben. Die Droschken waren meist Eigentum der Station; es war also notwendig, sie an der nächsten Station jeweils gegen eine andere einzutauschen. Mit der Qualität der Kutschen verhielt es sich ebenso wie mit jener der Pferde, wie Jane 1801 nach der Bath-Reise an Cassandra schrieb: »Ab Devizes hatten wir eine sehr schöne Kalesche; fast wie die eines Edelmanns – dieses Vorteils ungeachtet brauchten wir über drei Stunden von dort bis zum Paragon.« Am beschwerlichsten war das Umladen des Reisegepäcks und anderer Güter von einer Kutsche in die nächste. Transportschäden und Verluste waren nicht selten. »Als ich die Kutsche in Devizes bestieg, bemerkte ich, dass Dein Zeichenlineal entzweigegangen war«, schrieb sie, »oben, wo das Querstück befestigt ist. – Bitte verzeih« (5. Mai 1801). Als die Austens 1798 auf ihrem Weg nach Godmersham in Dartford rasteten, gingen Janes eigene Wertsachen verloren, schrieb sie Cassandra: »Kaum waren wir eine Viertelstunde hier, stellten wir fest, dass mein Schreib- und mein Toilettenkasten aus Versehen in eine Kutsche geraten waren, die just bei unserer Ankunft beladen wurde und die sich nun in Richtung Gravesend und auf dem Wege zu den Westindischen Inseln befand. Kein Teil meines Besitzes war je so wertvoll gewesen, denn mein Schreibkasten beherbergte all meine irdische Habe – sieben Pfund – und die Jagderlaubnis meines lieben Harry. Mr Notley schickte der Kutsche sogleich einen Mann und ein Pferd hinterher, und eine halbe Stunde später hatte ich die Freude, ebenso reich zu sein wie zuvor. Sie waren zwei oder drei Meilen weit gekommen« (24. Oktober 1798). Ihr Schreibkasten enthielt vermutlich auch ihre frühen Manuskripte; das wäre ein noch herberer Verlust gewesen. Gepäckstücke, die für einen Transport in Droschken zu groß oder zu schwer waren, mussten in separaten Kutschen oder Wagen geschickt werden, die zum selben Zielort fuhren. Jane schrieb oft von den Sorgen darüber, ob ihr Koffer rechtzeitig ankommen oder dessen Inhalt beschädigt sein würde. »Ich habe die freudige Aussicht auf einigen Ärger wegen meines Koffers«, scherzte sie 1799 in einem Brief aus Bath an Cassandra, »denn er war zu schwer, um mit der Postkutsche, die Thomas und Rebecca (die Dienerschaft) von Devizes herbrachte, befördert zu werden. Es bestand Grund zur Annahme, dass er auch für jede andere Postkutsche zu schwer wäre, und lange Zeit suchten wir vergebens nach einem Frachtwagen, der ihn hätte mitnehmen können. Zu unserem Leidwesen stellten wir schließlich fest, dass ein solcher just in diesem Moment im Aufbruch hierher war. Auf jeden Fall kann der Koffer vor morgen nicht hier sein – so viel ist sicher –, und wer weiß, was noch alles zu weiteren Verzögerungen führen mag« (17. Mai 1799). Als sie Henry 1814 in London besuchte, befürchtete sie, nicht mehr genügend Kleidung zu haben. »Mein großer Koffer ist gestern Abend noch nicht mitgekommen. Vermutlich kommt er heute Morgen; falls nicht, muss ich mir Strümpfe ausleihen und Schuhe und Handschuhe für meinen Besuch kaufen. Wie dumm von mir, für einen solchen Fall nicht vorgesorgt zu haben! Ich hoffe jedoch sehr, den Koffer augenblicklich herbeizuzaubern, indem ich so über ihn schreibe!« (2. März 1814).

Jane und Cassandra mussten – wie es sich für Frauen gehörte – mit dem Reisen warten, bis sie ihr Vater, ein Bruder oder ein Freund mitnehmen konnte, was Jane so manches Mal arg frustrierte. »Doch bis ich eine eigene Reisekasse habe, muss ich mich in diese Umstände fügen«, schrieb sie ihrer Schwester. Ihre zweite Reise zu Henry 1814 unternahm sie allein. Sie war zu diesem Zeitpunkt 38 Jahre alt und fuhr mit einer Postkutsche von Alton in der Nähe des heimatlichen Chawton nach London. Die Postkutsche war sehr viel preiswerter als das Wechseln von Pferden und Wagen, oft aber auch sehr viel unbequemer. Wer es sich

Die Abendkutsche, im Hintergrund London, von Philippe-Jacques de Loutherbourg, 1805

leisten konnte, reiste im geschlossenen Wagen. Dort saß man zuweilen schon gedrängt genug. Auf den günstigeren Plätzen auf dem sogenannten Hochsitz der Kutsche saßen die Passagiere aber beinahe übereinander und hielten sich so gut wie möglich fest. Dadurch wurde die Kutsche oft gefährlich kopflastig. Jane berichtete, dass bei dieser Fahrt anfangs nur vier Reisende in der Kutsche saßen »und – wie mir mitgeteilt wurde – 15 auf dem Dach; kurzum, gestern saß im Yalden (der Kutsche von Alton nach London) jeder oben oder wollte oben sitzen« (23. August). Reisende auf dem Oberdeck hatten das jeweils herrschende Wetter zu ertragen. Oft kamen sie ganz durchnässt oder halb erfroren an ihre Ziele. Janes junge Neffen entschieden sich freiwillig dafür, auf dem Kutschbock zu reisen, als sie 1808 von Winchester nach Southampton fuhren, um die Austens zu besuchen. »Edward und George sind um kurz nach sieben wohlbehalten bei uns angekommen – jedoch völlig durchgefroren, wollten sie doch unbedingt auf dem Kutschbock reisen, ohne einen warmen Mantel zu haben außer den Zipfeln, die ihnen der gutherzige Kutscher, Mr Wise, von seinem abgab, als sie so neben ihm saßen«, schrieb Jane an Cassandra. »Bei ihrer Ankunft waren sie derart unterkühlt, dass ich befürchtete, sie hätten sich erkältet. Doch scheint das keineswegs der Fall zu sein: Sie sehen so wohl aus wie noch nie« (24. Oktober 1808). Janes Reise nach London im Kutscheninnern war wesentlich komfortabler. »Ich hatte eine sehr gute Fahrt, die Kutsche war nicht zu voll; zwei der drei in Bentley zugestiegenen Passagiere waren Kinder, die restlichen Gäste von erträglichem Umfang; und alle waren leidlich ruhig und höflich. – Wir trafen spät in London ein, was der schweren Fuhre und dem Kutschenwechsel in Farnham geschuldet war; es war schon fast vier, glaube ich, als wir die Sloane Street erreichten. Henry selbst holte mich ab, und als wir endlich meinen Koffer und meinen Korb aus der Unzahl an Koffern und Körben herausgefischt hatten, ging es nach Hans Place.« Obschon das Reisen in der Kutsche weniger unangenehm war als obenauf, so konnte das Rütteln und Schütteln doch auch ziemlich anstrengend sein, wie Jane bemerkte. »Wenn weiterhin alles gut geht, wird mich John (Henrys Kutscher) übrigens hinfahren, und wir werden ein wenig an die Luft gehen, wobei ich von weite-

rer Bewegung tunlichst absehen werde; ich fühle mich noch ein wenig müde nach diesem langen Geholper.«

Kutschreisen konnten damals nicht nur unbequem sein, sondern auch ziemlich riskant. Dank neuer Straßenbauverfahren und der Einführung von Wegegeldern im ausgehenden 18. Jahrhundert ließ es sich auf den Hauptstraßen zwar schneller und sicherer fahren, und einige Straßen waren gar so eben, dass Jane und Henry auf ihrer Reise nach London beim Lesen ihres Manuskripts von *Mansfield Park* Unterhaltung fanden. Dennoch drohten und passierten viele Unfälle, die manchmal nur unangenehm waren, zuweilen aber auch tödlich ausgingen. Jane Cooper (zu jenem Zeitpunkt Lady Williams), die einst mit Jane und Cassandra zur Schule gegangen war, kam 1798 bei einem Kutschensturz ums Leben. Unfälle gab es so oft, dass Jane in einem ihrer Briefe an Cassandra gar scherzte, sie würden vielleicht davon verschont bleiben, die Cookes-Verwandtschaft in Great Bookham besuchen zu müssen, wenn doch die Cookes bloß einen Kutschenunfall hätten. »Ich schwöre Dir, dass mir vor dem Gedanken, nach

OBEN Ausschnitt, *Ländlicher Sport, Katze im Körbchen Nr. 1*, von Thomas Rowlandson, 1811

REISEN & RUNDFAHRTEN

Bookham zu fahren, ebenso graust wie Dir. Freilich bin ich nicht ohne Hoffnung auf Ereignisse, die dies verhindern könnten. … Sie sprechen auch davon, im Frühjahr nach Bath zu gehen, vielleicht kippen sie auf dem Weg dorthin um und sind den ganzen Sommer verhindert« (8. Januar 1799). Im Roman *Sanditon*, den sie wenige Monate vor ihrem Tod noch begonnen hatte, nutzte Jane einen dramatischen Kutschenunfall als Auftakt, um ihre Heldin Charlotte Heywood mit Familie Parker bekannt werden zu lassen, die diese dann zu sich ins kleine Küstendorf Sanditon einladen. Die Parkers »hatten aus geschäftlichen Gründen die Landstraße verlassen und einen unbefestigten Weg genommen, halb Sand, halb Geröll. Dann – auf einem steilen Stück – war die Kutsche gekippt. Der Unfall ereignete sich just oberhalb des einzigen Herrenhauses am Wege«, der an dieser Stelle »noch schlechter war als zuvor« und den man »nur mit Karrenrädern sicher passieren konnte. Die Schwere des Sturzes war durch das langsame Tempo und die Enge des Weges gemildert worden.«

Obgleich weit weniger häufig als noch Jahrzehnte zuvor, stellten Wegelagerer eine Gefahr für Kutschen dar, die nachts oder auf abgelegenen Wegen unterwegs waren. Janes Cousine Eliza behauptete einst, dass sie von einem Wegelagerer fast beraubt worden sei, als sie in ihrer Kutsche nach London fuhr. Tatsächlich trieb sich in unmittelbarer Nähe »ein stämmiger kräftiger Mann von etwa 35 Jahren« herum, mit »blasser, teigiger Gesichtsfarbe«, der Overton – einen Nachbarort von Steventon – im Sommer 1793 in Angst und Schrecken versetzte. Der Mann beging eine Reihe von Raubüberfällen, die erst ein Ende fanden, als eine beträchtliche Geldprämie auf seine Verhaftung und Verurteilung ausgesetzt und er dadurch gezwungen worden war, die Gegend zu verlassen. Er hatte an einem Juniabend auch die Kutsche von Austens Nachbarin, Mrs Bramston aus Oakley Hall, und ihrer Freundin angehalten und ihnen elf oder zwölf Guineen geraubt. Einen Monat später beraubte und verprügelte er den Dienstboten von Mrs Lefroy, einen guten Freund der damals siebzehnjährigen Jane. Eine Woche danach schlug er erneut zu. Drei Damen, »die in ihrer eigenen Kutsche reisten«, wie der *Reading Mercury* berichtete, »wurden in der Nähe der Popham-Lane von einem Mann im Bauernkittel angehalten, mit einem Halstuch oder Flor über Mund und Nase, der mit Pistolen bewaffnet war und ihnen neun Guineen, ihre Golduhren und die Ohrringe raubte, Gesamtwert ca. 100 Pfund. Der Schurke kam aus dem Popham-Wied und hatte sein Pferd vor dem Raubüberfall an ein Gatter angebunden.« Die Gegenwart eines so gefährlichen Mannes in unmittel-

RECHTS *William Page beraubt einen Herrn bei Putney*, 1795

barer Umgebung muss die Nachbarschaft verängstigt haben. Es war furchteinflösend, doch für die Austen-Töchter Jane und Cassandra zugleich auch aufregend und interessant. In *Emma* schilderte Jane die sehr viel weniger begründete Furcht der Bewohner von Highbury, als Zigeuner in der Nähe ihr Lager aufschlugen und Harriet Smith damit Angst einjagten:

In einer halben Stunde hatte es sich in ganz Highbury herumgesprochen. Dieses Ereignis war so recht geeignet, die redseligsten Gemüter zu beschäftigen: die Jugend und das Gesinde; und alle jungen Leute und alle Mägde und Knechte des Ortes schwelgten bald in dem Glück, dass es eine schreckliche Neuigkeit gab. Der Ball von gestern Abend schien gegen die Zigeuner zu verblassen. Der arme Mr Woodhouse saß zitternd da und wollte sich – wie Emma vorhergesehen hatte – nicht eher damit zufriedengeben, als bis sie ihm alle versprochen hatten, nie mehr über das Wäldchen hinaus zu gehen.

Das Gros der Reisenden sorgte sich jedoch am meisten darum, ob die Kutsche den holprigen Wegen standhalten würde, wie müde man wohl bei der Ankunft am Zielort sei und ob die Gasthäuser, in denen man übernachten werde, gute Betten und Mahlzeiten boten oder nicht. Nach solchen Reisen fühlten sich die Fahrgäste meist erschöpft von »zehn oder zwölf Stunden rastlosem Sitzen, zusammengekrümmt in einer hüpfenden Kiste von einem dreiviertel Meter im Quadrat«, schrieb der Autor von *Miseren des Menschlichen Lebens* (1806). Stellmacher setzten alles daran, um dieses markerschütternde Hüpfen der Holzräder auf den unebenen Straßen zu mindern, indem sie ihre Wagen mit stoßdämpfenden Federungen und mit Riemen versahen, die das Schaukeln der Kutsche eindämmen sollten. Doch selbst gut präparierte Kutschen schwankten derart herum, dass sich das Fahren darin und der Versuch des Sitzenbleibens als eine Art Sport ausnahmen. Im Gegensatz zu Jane fiel Mutter Austen das Reisen nicht leicht. Offenbar litt sie an Reisekrankheit. Das Schaukeln und Holpern der Kutsche bekamen ihr nicht; sie machten sie regelrecht schwach und krank, manchmal für mehrere Tage. In ihren Berichten schrieb Jane ihrer Schwester Cassandra denn auch immer davon, wie es der Mutter und ihrer Verdauung unterwegs ergangen war. »Sie war kaum erschöpft, als sie hier eintraf, hat sich an einer angenehmen Mahlzeit erquickt und macht einen gekräftigten Eindruck«, schrieb sie Cassandra von Dartford, der ersten Station ihrer Reise von Godmersham nach Steventon 1798. »Mutter genehmigte sich in Ospringe ein paar Schlückchen von ihrem Magenbitter, und in Rochester noch ein paar, und ab und an aß sie etwas Brot« (24. Oktober). Magenbitter seien empfehlenswert, schrieb der Autor von *Häusliche Heilkunde* (1794), »wenn die Verdauung träge oder der Magen schwach und flau ist«. Doch zwei Tage später forderte die Reise ihren Tribut, wie Jane im nächsten Brief schrieb:

Ich kann Dir keinen so triumphalen Bericht vom letzten Tag unserer Reise senden wie vom ersten und zweiten. Bald nachdem ich meinen Brief aus Staines beendet hatte, begann Mutter unter den Anstrengungen und der Erschöpfung der weiten Reise zu leiden, was sich in der besonderen Art der Entleerung äußerte, die im Allgemeinen ihren Erkrankungen vorangeht. Sie hatte keine sehr gute Nacht in Staines, und als wir gestern früh abreisten, spürte sie ein Brennen in der Kehle, was auf weitere Gallenbeschwerden hinzuweisen schien. Doch überstand sie die Fahrt sehr viel besser, als ich es erwartet hatte, und in Basingstoke, wo wir über eine halbe Stunde Rast machten, verschafften ihr eine heiße Brühe sowie eine Visite bei Mr Lyford (dem Arzt) große Erleichterung. Letzterer empfahl ihr, vor dem Zubettgehen zwölf Tropfen Laudanum (flüssiges Opium) zur Beruhigung einzunehmen, was sie auch tat.
27. OKTOBER 1798

Der Arzt und Autor des Buches *Häusliche Heilkunde* hielt Reisende dazu an, sich vor den Betten der Wirtshäuser sehr in Acht zu nehmen. »Reisende sollten sich vor nichts mehr fürchten als vor klammen Betten«, schrieb er. »Wenn ein Reisender frierend und nass in einem Gasthaus ankommt, ein kaltes Zimmer zugewiesen bekommt und in einem feuchten Bett schläft, muss er mit den ärgsten Folgen rechnen. Reisende sollten Wirtschaften, die für ihre klammen Betten bekannt sind, ebenso meiden wie pestverseuchte Häuser; denn selbst die robustesten Männer sind nicht gegen die Gefahren gefeit, die von jenen ausgehen.« Das *European Magazine*

ARRIVAL OF THE STAGE COACH

Pub.d May 22. 1816. by R. Pollard, Holloway, near London

OBEN *Ankunft der Postkutsche*, von James Pollard, 1816
GEGENÜBER *In einem Wirtshaus*, von Nicholas Pocock, um 1815

and London Review veröffentlichte 1790 einen hilfreichen Tipp, wie man sich gegen »die entsetzlichen Folgen von feuchten Betten schützen« kann. Dazu solle ein sauberes Glas »gleich nach Herausziehen des Bettwärmers« kopfüber ins Bett gestellt und sodann auf Wasserdampf untersucht werden. Janes Freundin, Mrs Lefroy, eine stets liebevolle und besorgte Mutter, gab ihrem Sohn Christopher Edward 1803 denselben Rat: »Bleibt das Glas kristallklar, ist das Bett trocken; achte darauf, dass das Glas zwischen die Laken zu stellen und das Bettzeug derweilen ans Fußende zu legen ist.«

Die Austens jedenfalls scheinen mit den Wirtschaften Glück gehabt zu haben. Das »Bull and George« in Dartford, in das sie 1798 einkehrten, beschrieb Jane als sehr gemütlich: »Unsere Zimmer liegen zwei Treppen hoch, da wir andernfalls nicht Wohnzimmer und Schlafzimmer auf derselben Etage hätten haben können, wie es unser Wunsch war. Wir haben ein Doppel- und ein Einzelschlafzimmer, in erstem übernachten Mutter und ich. Du darfst raten, wer das andere bewohnen wird. Kurz nach fünf setzten wir uns an den Tisch und aßen ein paar Rinderstücke und gekochtes Geflügel, aber keine Austernsauce. … Vater liest gerade ›Midnight Bell‹, welches er aus der Bibliothek hat, und Mutter sitzt am Feuer« (24. Oktober 1798). Und auf der Reise nach Bath 1799 berichtet sie Cassandra davon, dass sie sehr zufrieden war: »In Devizes bekamen wir sehr behagliche Zimmer und ein gutes Essen, das wir gegen fünf zu uns nahmen. Unter anderem aßen wir Spargel und einen Hummer, bei beidem wünschte ich Dich herbei, dann etwas Käsekuchen, von dem die Kinder (ihre Nichte Fanny und Neffe Edward) so entzückt waren, dass sie die Stadt Devizes sicher noch lange in guter Erinnerung behalten werden« (17. Mai 1799). Janes Reisen verliefen – wie die ihrer Heldin Catherine in *Die Abtei von Northanger* – größtenteils angenehm:

Unter diesen wenig verheißungsvollen Vorzeichen fand der Abschied statt, und die Reise begann. Sie verlief entsprechend ruhig und ereignislos sicher. Weder Räuber noch Unwetter zeigten sich ihnen geneigt, und sie genossen auch nicht das Glück, dass die Kutsche umstürzte und sie so mit dem Helden bekannt wurden. Es trug sich nichts Aufregenderes zu, als dass Mrs Allen einmal fürchtete, sie habe ihre Pantinen im Gasthaus zurückgelassen, und das erwies sich zum Glück als Irrtum.

REISEN & RUNDFAHRTEN

HERRENHÄUSER

Der Blick über das Tal hinweg wurde sofort vom gegenüberliegenden Schloss Pemberley gefesselt. …
Es war ein stattlicher, schöner Steinbau; hinter ihm stieg der bewaldete Hügel noch höher, während zu seinen Füßen
ein Fluss mit ziemlich reißendem Gefälle dahinströmte. Elisabeth war wie bezaubert. Noch nie
hatte sie einen Ort von lieblicherer Natur gesehen. Keine Geschmacklosigkeit hatte die natürliche Schönheit verschandelt.
Sie konnten sich nicht genug begeistern; und Elisabeth ertappte sich in diesem Augenblick bei dem Gedanken,
dass es vielleicht doch nicht zu verachten sei, Herrin auf Pemberley zu sein!

STOLZ UND VORURTEIL

Als Tochter eines Dorfpfarrers, der acht Kinder zu ernähren hatte, war Jane in ihren Kinder- und Jugendjahren nicht viel Luxus vergönnt. Vater Austens Pfarrei im ländlichen Dörfchen Steventon war ein schlichtes, geräumiges Haus, wie für Gemeindehäuser jener Zeit üblich, doch das Leben in der großen Austen-Familie konnte wohl kaum als luxuriös bezeichnet werden. Dennoch hatte Jane durch Besuche bei wohlhabenderen Verwandten und Nachbarn viele Gelegenheiten, Einblick in opulente Herrenhäuser und Milieus zu erhalten. Jane und ihre Familie reisten regelmäßig zu Verwandten und blieben nicht selten für ein paar Wochen; Erfahrungen, die ihr später eine ausgezeichnete Inspirationsquelle für die Häuser ihrer Romanfiguren gewesen sein müssen.

GODMERSHAM PARK

Eines der Austen-Kinder, der drittälteste Sohn Edward, wurde dennoch reich. Er hatte das außerordentliche Glück, einem entfernten Cousin seines Vaters und dessen Frau zu gefallen, Thomas Knight II. und Catherine, die auf ihrer Hochzeitsreise auch der Austen-Familie einen Besuch abstatteten. Sie luden den jungen Edward zur Mitreise ein und waren so angetan von ihm, dass sie ihn ab und an zu sich holten. Als nach ein paar Jahren klar wurde, dass sie kinderlos bleiben würden, fassten die Knights Edward als ihren möglichen Erben ins Auge, wie sich Janes Nichte Anna erinnert: »Nach und nach verständigte man sich in der Familie darauf, dass Edward aus ihren Reihen zum Adoptivsohn und Erbe von Mr Knight auserwählt und im weiteren Verlauf bereits mehr und mehr eingebunden wurde. Schließlich schickte man ihn an irgendeine deutsche Universität zum Studieren.« Zu Beginn des Jahres 1786 trat er die traditionelle *Grand Tour* durch Europa an und besuchte Rom, die Schweiz und Dresden, um zwei Jahre später zurückzukehren und von nun an dauerhaft bei den Knights auf deren Anwesen Godmersham Park in Kent zu leben, wo ihn Mr Knight in die komplexen Aufgaben der Grundstücksverwaltung einführte. 1791 heiratete Edward Elizabeth Bridges, die Tochter des Nachbarn Sir Brook Brodges von Goodnestone Park. Die Bridges überließen dem jungen Paar ein kleines Landhaus im nahen Rowling, in dem auch die ersten vier Kinder geboren wurden. Ende desselben Jahres starb Thomas Knight; sein Testament

GEGENÜBER Adlestrop Park, Gloucestershire

GANZ OBEN *Pfarrer Austen stellt Mr und Mrs Thomas Knight seinen Sohn Edward vor*, Schattenriss, um 1778
OBEN Edward Austen (später Knight) als Kind, unbekannter Künstler, undatiert

bestätigte Edward als seinen späteren Erben. Mrs Knight erbte den Nießbrauch seiner Grundstücke und lebte weiterhin auf Godmersham. 1798 zog sie dann nach Canterbury, überschrieb die Grundstücke auf Edward und seine Familie, behielt sich jedoch ein Einkommen von 2.000 Pfund aus den Einnahmen von Godmersham vor. 1794 besuchten Jane und Cassandra ihren Bruder und seine Familie in Rowling, und 1796 war Jane noch einmal dort. Jane genoss ihren Aufenthalt und das elegante gesellschaftliche Leben, das Edwards Familie in Kent führte. An Cassandra schrieb sie: »Wir waren am Samstag gleichfalls auf einem Ball, das kann ich Dir versichern. Wir aßen in Goodnestone und tanzten am Abend zwei Volkstänze und die Boulangères. Ich eröffnete den Ball mit Edward Bridges … Wir soupierten dort und gingen am Abend im Schatten zweier Schirme zu Fuß nach Hause« (5. September 1796). Und zehn Tage später – noch immer inmitten gesellschaftlichen Treibens: »Wir haben uns außerordentlich gut amüsiert, seit ich das letzte Mal schrieb: Souper in Nackington, Heimweg im Mondschein – alles mit sehr viel Stil … In Nackington begegneten wir einem Bild von Lady Sondes über dem Kamin im Speisezimmer … Miss Fletcher und ich waren sehr dick, aber ich bin die Dünnere von uns beiden. … Heute werden wir in Goodnestone speisen« (15. September 1976).

Als Edward 1798 nach Godmersham zog, kamen auch Vater und Mutter Austen, Jane und Cassandra dorthin und verbrachten den August mit Edward und seiner Familie. Es war der erste dokumentierte Besuch der Austenf-Familie in Godmersham, obschon es frühere Anlässe gegeben haben mag. In den darauffolgenden Jahren verbrachten Jane und Cassandra viel Zeit in Godmersham, oft mehrere Monate am Stück, manchmal zusammen und manchmal getrennt. Die beiden Schwestern, die sich stets überaus nah waren, ertrugen die Trennung voneinander zweifelsohne schlecht, kompensierten sie jedoch mit geschwätzigen Briefen, die sie sich regelmäßig schrieben. Tatsächlich stammen die meisten der heute bekannten Briefe Jane Austens aus jenen Zeiten, in denen sie von Cassandra getrennt war.

Godmersham Park, ein elegantes palladianisches Herrenhaus aus rotem Backstein, wird manchmal für eines der möglichen Anwesen gehalten, das Jane Austen als Vorlage für Mr Darcys Landsitz Pemberley im Roman *Stolz und Vorurteil* gedient hat. Es liegt etwa acht Meilen südwestlich von Canterbury, zwischen wunderbar waldigen Hügeln und den sanften Senken des Tals des River Stour. Mit seinem großen Park und den weitläufigen Anlagen könnte es auch als Inspirationsquell für Bertrams Mansfield Park im gleichnamigen Roman gedient haben. Mary Crawford, weltläufig und strebsam, ist von Mansfield Park so beeindruckt, dass sie sogar eine Heirat mit dessen Erben Tom in Erwägung zieht:

Miss Crawford hatte bald das Gefühl, dass er und seine Stellung hingehen mochten. Sie schaute sich mit gebührender Sorgfalt um und fand, dass fast alles für ihn sprach: ein Park, ein richtiger Park, fünf Meilen im Umkreis; ein geräumiges, modern gebautes Haus, das so schön gelegen und gut verborgen war, um verdientermaßen in jede Kupferstichsammlung von Herrensitzen im Königreich aufgenommen zu werden, und nur völlig neu eingerichtet zu werden brauchte.

In Sammlungen dieser »Kupferstiche von Herrensitzen« war Godmersham tatsächlich oft zu sehen. Das Anwesen bestand aus einem höheren Mittelhaus mit großer Eingangshalle, das von zwei niederen Seitenflügeln flankiert wurde. In den Stichen wurde es fast immer mit dem malerisch plätschernden River Stour vor dem langen Seitenflügel, einem waldigen Hügel dahinter und friedlich grasenden Pferden, Kühen oder Wild davor dargestellt. Hinter dem Haus befanden sich die Beete und Büsche der Parkanlagen, die sich zu jenem Hügel hin erstreckten, hinauf zu einem hübschen Gartenhaus und einem angepflanzten Wäldchen, das man »Bentigh« nannte. »Auf dem Weg zur Kirche ging die Familie immer da hindurch«, schrieb Edward Knights Enkel, Lord Brabourne, »und verließ das Wäldchen am Rande des Privatgrundstücks durch eine kleine Tür in der Mauer, um sich sodann direkt gegenüber der Kirche wiederzufinden.« Vor dem Gebäude, auf der anderen Seite des River Stour, erhob sich ein weiterer Hügel mit einem Wäldchen, das die »Tempelschonung« genannt wurde, in Anlehnung an ein kleines Gartenhaus dort, das formal an einen Tempel erinnerte. Jane genoss das Schlendern durch Godmersham Park und schrieb Cassandra: »Der gestrige Tag verlief ganz à la Godmersham: Die Herren ritten auf Edwards Gut herum und kamen gerade noch rechtzeitig, um mit uns durch den Bentigh zu flanieren. … Und nach dem Essen spazierten wir durch die Tempelschonung … James und Mary sind von der Schönheit der Gegend ganz hingerissen« (16. Juni 1808). Inzwischen hat das Innere des Hauses etliche Umbauten erfahren; einige der Zimmer, die sie damals beschrieb, sind heute nicht mehr eindeutig zu bestimmen. In einem der Seitenflügel befand sich damals eine große und komfortable Bibliothek, die heute nicht mehr existiert, in der Edwards Familie und Gäste zuweilen zusammenkamen, um gemeinsam den Tee einzunehmen, manches Mal auch das Frühstück, und in der Jane gerne schrieb, wie sich ihre Nichte Marianne erinnerte:

Wenn Tante Jane zu uns nach Godmersham kam, erinnere ich mich, brachte sie meist das Manuskript von irgendeinem Roman mit, an dem sie gerade schrieb, und schloss sich mit meinen älteren Schwestern in einem der Schlafgemächer ein, um laut daraus vorzulesen. Dann hörten die jüngeren Geschwister und ich schallendes Gelächter durch die Tür dringen und fanden es schlimm, dass wir von etwas derart Ergötzlichem ausgeschlossen wurden. Ich kann mich auch daran erinnern, wie Tante Jane schweigsam neben dem Kamin in der Bibliothek saß und arbeitete; sie sagte meist lange Zeit nichts, bis sie plötzlich in lautes Gelächter ausbrach, aufsprang, hinüberrannte zu dem Tisch mit den Schreibutensilien, etwas aufschrieb und wieder zurückkehrte an den Kamin, um ebenso still weiterzuarbeiten wie zuvor.

Nach ihren Briefen an Cassandra zu urteilen, genoss Jane den Luxus, den ein großes Anwesen und ein hohes Einkommen ermöglichten, in vollen Zügen. In ihren Briefen schreibt sie nicht nur vom Leben der Familie und der Gäste, sondern auch darüber, wie sehr sie die eleganten Speisen und Getränke schätzte, die hier serviert wurden, und vergleicht den hausgemachten Austen-Wein mit dem von Edward importierten: »Um den Orangenwein müssen wir uns bald kümmern. Doch in der Zwischenzeit werde ich, was Eleganz, Muße und Luxus angeht – die Hattons und die Milles

HERRENHÄUSER

OBEN *Godmersham Park*, 1784

speisen heute hier –, Eis essen, französischen Wein trinken und über jede schnöde Sparsamkeit erhaben sein« (1. Juli 1808).

Godmersham Park ist heute in Privatbesitz und nur nach Vereinbarung zu besichtigen. Teile des damaligen Gartens und der Wäldchen existieren noch heute; ebenso die beiden Gartenhäuser.

CHAWTON HOUSE

Das zweite Anwesen, das Edward von Thomas Knight erbte, war eines in Chawton bei Alton in Hampshire. Die Knight-Familie hatte es 1551 gekauft und das mittelalterliche Herrenhaus durch eines in warmem Backsteinrot ersetzt, das noch heute dort steht. Ein Großteil des Hauses, mit dessen Bau man um 1583 begonnen hatte und Mitte der 1660er-Jahre fertig geworden war, wurde aufgrund seiner Baufälligkeit im ausgehenden 20. Jahrhundert umfassend saniert. Ein Teil des Hauses sieht noch aus wie zu Jane Austens Zeiten, obgleich Montagu Knight Ende des 19. Jahrhunderts einige Umbauten vornahm, darunter auch eine neue Holztäfelung in mehreren Zimmern, die sich aber an der originalen Wandverkleidung orientierte. Im Erdgeschoss befinden sich die Empfangshalle, das Esszimmer und der noch heute original getäfelte Große Saal. Die einstigen Schlafzimmer im ersten Stock

OBEN *Dynes Hall*, von Diana Sperling, undatiert

heißen heute die Gobelin-Galerie, die Große Galerie, das Eichenzimmer und die Bibliothek, die aus mittelviktorianischer Zeit stammt. Die 1592 erbaute Küche gehörte zum elisabethanischen Dienstbotenflügel und beherbergt heute einen Arbeitstisch und eine Anrichte aus dem 18. Jahrhundert sowie eine Küchenzeile aus frühviktorianischer Zeit. »Es ist ein schönes, großes altes Haus«, schrieb Janes Nichte Fanny 1807, »und hier gibt es so viele alte, unregelmäßige Flure, dass es großen Spaß macht, sie zu erkunden; selbst, wenn ich manchmal denke, ich bin Meilen von einem bestimmten Teil des Hauses entfernt, finde ich einen Gang oder einen Durchgang dorthin.«

Edwards ausgedehnter Grundbesitz, zu dem auch ein großer Teil des Dorfes Chawton gehörte, ermöglichte es ihm, seine verwitwete Mutter und seine Schwestern dauerhaft zu unterstützen. Er bot ihnen jenes Haus an, das heute als Chawton Cottage bekannt ist. So verließen Mutter Austen, Jane, Cassandra und Martha Lloyd im Juli 1809 die Stadt Southampton und zogen endgültig nach Chawton (siehe Chawton). Godmersham blieb weiterhin Edwards Hauptwohnsitz, aber er und seine Familie verbrachten oft auch einige Zeit im Chawton House, wenn dieses nicht vermietet war; meist über die Sommermonate oder wenn Godmersham neu gestrichen wurde. Zwischen dem »Great House« (Haupthaus) und dem »Cottage« gab es ein reges Hin und Her von gegenseitigen Besuchen. Oft ergingen sich die beiden Familien gemeinsam in den idyllischen Anlagen des Chawton House und trafen sich zum Tee oder zum Essen. »Zwischen drei und vier ging ich zum Haupthaus hinauf und verbummelte dort eine Stunde aufs Angenehmste«, schrieb Jane an Cassandra. »Wir gingen alle fünf in den Küchengarten und dann die Gosport Road entlang und nahmen den Tee dann bei uns« (14. Juni 1814). Fanny hielt diese täglichen Besuche getreulich in ihrem Tagebuch fest. »Wir tranken Tee« oder »das Cottage kam zum Essen« waren häufige Einträge.

Heute beherbergt das Chawton House die Chawton House Library, einen Studienort zur Erforschung der Werke und Leben schreibender Frauen vor 1830, dessen sanierte Zimmer für Studien, Bildung und Tagungen genutzt werden. An Wochentagen werden selbstgeführte Touren durch die Gärten geboten, an einigen Tagen auch Führungen durchs Haus. Die Gärten und Anlagen des Chawton House sehen heute noch weitgehend so aus wie zu Jane Austens Lebzeiten. Darunter waren eine Lindenallee, ein Wildpfad, wie ihn in *Stolz und Vorurteil* Lady Catherine de Bourgh bei einem Besuch auf Bennets Anwesen als »malerisches kleines Gehölz« beschreibt, und ein Ha-ha, ein Grenzgraben, der Wild abhält, den Blick auf die Landschaft aber nicht verstellt, wie jener auf Mr Rushworths Anwesen in *Mansfield Park*. Ein umfriedeter Küchengarten im späten Regency-Stil, den Edward bald nach Janes Tod anlegte, wird heute restauriert.

Als Mrs Knight 1812 verstarb, fiel das gesamte Erbe der Anwesen Godmersham Park, Chawton House und andere Grundstücke in Hampshire an Edward, darunter auch Steventon. Er folgte dem letzten Willen seines Cousins und änderte seinen Nachnamen in Knight. Seine Tochter Fanny war über diese Namensänderung alles andere als erfreut. In ihr Tagebuch schrieb sie: »Und somit sind wir jetzt alle *Knights* anstelle der guten alten *Austens*. Wie ich es hasse!!!!!« Jane nahm es gelassener und schrieb

OBEN LINKS *Chawton House*, von Mellichamp, um 1740
OBEN RECHTS *Chawton House und Kirche*, unbekannter Künstler, 1809
UNTEN *»Das verwöhnte Kind«, Szene 1*, von Lewis Vaslet, um 1802

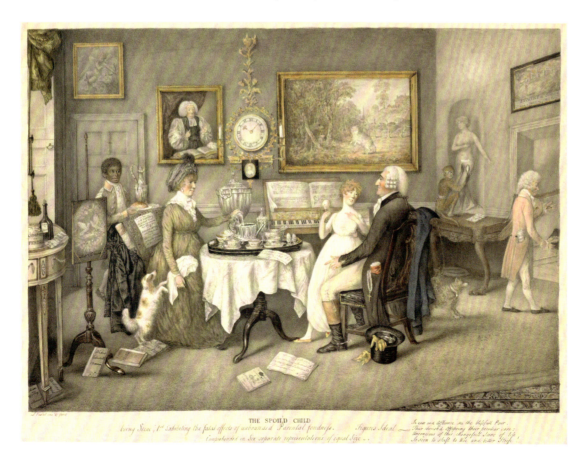

AUF DEN SPUREN VON JANE AUSTEN

OBEN LINKS Der Wildpfad hinter der Chawton House Library
OBEN RECHTS *Gärtners Gaben*, von Thomas Rowlandson, um 1803–1805

an Martha Lloyd: »Wir haben Grund zur Annahme, dass die Namensänderung vollzogen worden ist. … Ich muss lernen, ein deutlicheres K zu schreiben« (29. November 1812).

ADLESTROP

Mutter Austen, die in eine recht aristokratische Familie hineingeboren worden war, hielt viele Jahre lang enge Verbindungen zu ihrer Verwandtschaft aufrecht. Ihr Cousin, Pfarrer Thomas Leigh, lebte auf dem Pfarrgut Adlestrop (heute »Adlestrop House«), sein Neffe James im nahen Adlestrop House (heute »Adlestrop Park«). Jane Austen besuchte die Leighs drei Mal: 1794, 1799 und 1806. Adlestrop ist ein malerischer Ort in den Cotswolds, nahe Stow-on-the-Wold in Gloucestershire. Pfarrer Leigh, den Jane als achtbar, schlau und gefällig beschrieb, schien eine Schwäche für Mutter Austens Kinder zu haben und steckte ihnen nicht selten kleine Geldgeschenke zu, wenn er sie sah. 1802 beauftragte er den berühmten Landschaftsarchitekten Humphry Repton mit einer Verschönerung des Adlestrop-Anwesens. Er ließ die Rückwand des Pfarrhauses öffnen und versetzte den Eingang; Parallelen zu Henry Crawfords Plänen für das Pfarrgut des Edmund Bertram in *Mansfield Park* lassen sich nicht leugnen. Er bezog den Dorfanger mit ein und gestaltete seinen Garten aufs Malerischste. Humphry Repton beschrieb die Veränderungen auf Adlestrop in seinen *Bemerkungen zu Theorie und Praxis der Landschaftsgärtnerei* (1803), zu denen auch »ein munteres Bächlein« gehörte, »… das durch einen Blumengarten geleitet wird, dann den Hügel hinabfließt und gelegentlich durch Felsvorsprünge aufgehalten wird … und welches sowohl von der Villa als auch vom Pfarrhaus aus zu sehen ist, denen gegenüber es sich jeweils als ergötzliches – weil natürliches – landschaftliches Element ausnimmt«. Repton verlangte fünf Guineen am Tag dafür, dass er seinen Kunden solch entzückende Visionen lieferte; eine Tatsache, die Jane während ihres Aufenthaltes 1806 erfahren haben muss und sogleich in *Mansfield Park* benutzte. So hat Rushworth vor, sein Grundstück zu verschönern, auf dass es ebenso gut aussehe wie das seines Freundes Smith, weiß aber nicht, womit er beginnen soll: »›Ich muss versuchen, etwas draus zu machen‹, sagte Mr Rushworth, ›weiß aber nicht, wie. Hoffentlich finde ich einen guten Freund, der mir dabei hilft. … Da er (Repton) bei Smith seine Sache so gut gemacht hat, sollte ich ihn wohl gleich unter Vertrag nehmen. Er verlangt fünf Guineen pro Tag.‹ – ›Und wenn es *zehn* wären‹, rief Mr Norris, ›ich bin sicher, dass Sie darauf keine Rücksicht zu nehmen brauchen.‹«

HERRENHÄUSER

STONELEIGH ABBEY

Der Zufall wollte es, dass der Besuch der Austens 1806 bei Thomas Leigh mit dessen Erbe des riesigen Anwesens von Stoneleigh Abbey zusammenfiel, das ihm von einem ledig gebliebenen entfernten Cousin vermacht worden war. Gegen Ende des Besuchs lud Pfarrer Leigh die Austens und die übrigen Hausgäste dazu ein, mit ihm nach Warwickshire zu reisen und sein neues Erbe zu besichtigen. Die 1154 erbaute Abtei war in Privatbesitz gefallen, als Heinrich VIII. 1535 die englischen Klöster auflösen ließ und deren Besitztümer verkaufte beziehungsweise anderen zusprach, wie auch in der Geschichte der fiktionalen Abtei von Northanger im gleichnamigen Roman Jane Austens. Die Abtei Stoneleigh wurde 1561 durch die Leigh-Familie erworben und verblieb bis 1996 in deren Besitz; seither gehört sie einer gemeinnützigen Einrichtung. Das Gebäude selbst ist ein großes, stattliches Haus. Einige Abschnitte wie das Torhaus etwa stammen noch aus dem Mittelalter, andere aus dem 17. Jahrhundert. In den 1720er-Jahren hatte der 3. Lord Leigh – inspiriert durch seine *Grand Tour* durch den Kontinent – das Anwesen um einen beeindruckenden Anbau erweitert: den Großen Westflügel.

Über ihre gefälligen Eindrücke von Stoneleigh schrieb Mutter Austen an ihre Schwiegertochter:

Hier fanden wir uns nun alle ein am Dienstag, zu später Stunde, in einem edlen großen Salon, der ganz mit Familienbildern behängt war. Alles hier ist erhaben und sehr edel und sehr groß. Das Haus ist größer, als ich es mir hätte vorstellen können, aber jetzt finden wir uns langsam zurecht, zumindest größtenteils, etwa zu den Geschäftszimmern (die im alten Gebäudeteil liegen); Mr Leigh ist fast am Verzweifeln ob der komplizierten Wege dorthin … Ich hatte zwar einen erlesenen Ort erwartet, aber keine Ahnung davon, wie schön er ist! Ich hatte mir lange Alleen vorgestellt, dunkle Krähenhorste und düstere Eiben, aber derlei trübe Dinge gibt es hier nicht. Der Avon fließt ganz nah am Haus vorbei, zwischen grünen Wiesen und ausgedehnten, wunderschönen Wäldern mit herrlichen Wegen. Morgens um neun beten wir in einer hübschen Kapelle … Jetzt werde ich Dir noch das Innere dieses riesigen Hauses beschreiben, dessen vordere Fassade (sehr eben und mit flachem Dach) nicht weniger als 45 Fenster zählt, je 15 nebeneinander. Man geht eine ziemlich lange Treppe hinauf (einige der Schreibzimmer sind im Untergeschoss) und gelangt in eine riesige Halle; zur Rechten der Speisesaal, dahinter das Frühstückszimmer, in dem wir meist sitzen, und das aus gutem Grund: Es ist der einzige Raum (außer der Kapelle), dessen Fenster zum Fluss hinaus gehen; links von der Empfangshalle liegt der große Salon, dahinter ein kleinerer, diese Räume sind ziemlich düster, mit brauner Holztäfelung und dunkelroten Möbeln, daher nutzen wir sie nur als Durchgangszimmer zur alten Galerie; hinter dem kleineren Salon liegt ein pompöses Schlafgemach mit hohem, mit karminrotem Samt verhängtem Prunkbett; ein aufregendes Zimmer und nur einer Heldin gebührend. Die alte Galerie – ein Laufgang über die ganze Länge des Hauses, mit drei Treppen und zwei kleinen Hinterstübchen – führt durch Halle und Salon dorthin. Im neuen Teil des Hauses gibt es 26 Schlafgemächer und im alten fast ebenso viele (manche sind sehr schön) … Der Garten ist gute zwei Hektar groß. Die Teiche liefern ausgezeichneten Fisch, der Park ausgezeichnetes Wild; außerdem gibt es Tauben, Hasen und Geflügel aller Arten, und davon reichlich; und aus der wirtlichen Molkerei kommen Butter, bester Warwickshire-Käse und Rahm.

BRIEF VON MUTTER AUSTEN AN MARY LLOYD AUSTEN,
13. AUGUST 1806

Mutter Austen hat offenkundig die gleiche Phantasie wie ihre Tochter Jane, wenn sie von der Atmosphäre spricht, die eine Abtei zu haben hat: »düstere Eiben« und ein prunkvolles Schlafgemach, das Catherine Morland in *Die Abtei von Northanger* aufs Angenehmste beunruhigt hätte. Stoneleigh Abbey, das alte und beeindruckende Kloster, mag so manchem großen Anwesen der Austen-Romane Pate gestanden haben. Jane übernahm zumindest die Beschreibung der Kapelle von Sotherton in *Mansfield Park*, die genau auf die Kapelle von Stoneleigh passt: ein »großer, länglicher Raum … der lediglich zum Zwecke der Andacht ausgestattet war … mit karmesinroten Samtkissen, die über ihnen über dem Rand der Familienemporen sichtbar wurden.«

Stoneleigh Abbey, 1795

1809 engagierte Thomas Leigh noch einmal Humphry Repton, diesmal aber sollte er Stoneleigh Abbey verschönern. Repton verfertigte eines seiner berühmten »Roten Bücher«, die das »Vor« und das »Nach« der Umgestaltung illustrierten, doch nicht alle seiner Vorschläge wurden umgesetzt. Eine der wichtigsten Veränderungen war die Verlegung des Flusses Avon näher an das Gebäude heran, wodurch ein See mit einer Insel entstand.

Aus diesem Grunde ist der Blick vom sonnigen, hellen Frühstückszimmer, in dem Mutter Austen, Jane und Cassandra einst saßen, heute ein anderer als damals 1806. Die Veränderungen veredelten die bereits vorher schöne Umgebung und ließen Stoneleigh Abbey zu einem lohnenden Stopp für Touristen werden:

Stoneleigh Abbey mit seinen schönen Gärten, der erhabenen Brücke, dem romantischen Wildpark, prächtigen Zimmern, einer

geräumigen Kapelle etc. ist höchst malerisch gelegen … umgeben von hohen und ausladenden Bäumen, und mit all den Zutaten wie Wasser, Fels und Wiesen, die für die Vervollkommnung einer Landschaft gemeinhin als unerlässlich erachtet werden. Ein Ausflug zu diesem reizvollen Ort – ob vom Erfolg eines möglichen Zutritts zum prächtigen Herrenhaus gekrönt oder nicht – wird das Auge eines jeden Besuchers belohnen.
DER NEUE REISEFÜHRER FÜR DAS LEAMINGTON SPA UND SEINE UMGEBUNG, 1818

1858 wurde der Frühstücksraum für einen Besuch der Queen Victoria komplett umgestaltet und renoviert. Seither ist dieser Raum nicht mehr verändert worden und heute unter dem Namen »Queen Victorias Schlafgemach« bekannt. Ein Großteil von Stoneleigh Abbey ist inzwischen zu Privatwohnungen umgestaltet worden. Die großen Herrschaftszimmer sowie auch die Kapelle mit ihren karmesinroten Kissen sind vom späten Frühling bis zum frühen Herbst an bestimmten Tagen und geführt zu besichtigen (an einigen wird auch eine Jane-Austen-Tour geboten) beziehungsweise für Veranstaltungen geöffnet. Die von Repton entworfene Landschaft wird derzeit wiederhergestellt.

OBEN LINKS *Tom Lefroy als junger Mann*
OBEN RECHTS *Harris Bigg-Wither als junger Mann*

Als junge Frauen bereisten Jane und Cassandra viele der Anwesen um Steventon, um dort zu speisen oder Bälle und andere Veranstaltungen zu besuchen. Eines davon, der Manydown Park bei Basingstoke, war besonders beliebt. Jane und Cassandra waren mit den Töchtern des Hauses, Elizabeth, Catherine und Alethea Bigg und deren Bruder Harris Bigg-Wither, gut befreundet. So fuhren die Mädchen oft nach Manydown und vergnügten sich auf den Gesellschaften, die man dort veranstaltete, darunter auch ein Ball, auf dem Jane mit ihrer Jugendliebe Tom Lefroy tändelte:

Wir hatten gestern Abend einen höchst vergnüglichen Ball. … Mr H. tanzte sogleich mit Elizabeth und auch danach noch einmal, aber die beiden verstehen nicht recht zu flirten. Ich schmeichle mir jedoch, dass sie von den drei Übungsstunden, die ich ihnen erteilt habe, schon etwas lernen werden. In Deinem lieben langen Brief, den ich soeben erhielt, schiltst Du mich so sehr, dass ich mich fast nicht traue, Dir zu berichten, wie mein irischer Freund und ich uns betragen haben. Du magst Dir ruhig alles vorstellen, was man Anstößiges und Schockierendes beim Tanzen und Beisammensitzen so anstellen kann. Jetzt kann ich mich allerdings nur noch ein einziges Mal öffentlich schlecht benehmen, da er kurz nach dem nächsten Freitag, an dem schließlich doch noch ein Ball in Ashe stattfinden wird, England verlässt. Ich versichere Dir, dass er ein wahrer Gentleman ist, sehr gutaussehend, und überhaupt ein angenehmer junger Mann. Doch kann ich nicht behaupten, ihn außer auf den drei Bällen je getroffen zu haben. Denn in Ashe wird er meinetwegen so sehr aufgezogen, dass es ihm peinlich ist, nach Steventon zu kommen. Und als wir vor einigen Tagen Mrs Lefroy besuchten, hat er gar die Flucht ergriffen … Gestern tanzte ich zweimal mit Warren und einmal mit Mr Charles Watkins, und zu meinem größten Erstaunen gelang es mir, John Lyford zu umgehen. Das hat mich freilich auch einige Mühe gekostet! Wir aßen sehr gut zu Abend, und das Glashaus war sehr geschmackvoll beleuchtet.
BRIEF VON JANE AUSTEN AN CASSANDRA, 9. JANUAR 1796

1802 jedoch erlebte Jane eine vollkommen andere Art von romantischer Verwirrung in Manydown. Am 25. November kamen Jane

OBEN *Elegante Gesellschaft beim Tanz*, von Thomas Rowlandson, undatiert

und Cassandra dort an und hatten vor, die nächsten zwei oder drei Wochen mit Alethea und Catherine Bigg zu verbringen. Zunächst ging alles gut, doch am Abend des 2. Dezember machte Harris Bigg-Wither Jane einen Antrag, und sie nahm ihn an. Über Nacht muss sie angesichts dieser Aussichten dann jedoch in Panik geraten sein. Am nächsten Morgen sagte sie ihm, dass sie es sich anders überlegt habe. Jane und Cassandra verließen Manydown Hals über Kopf. Im Hause ihres Bruders James in Steventon angekommen, verlangten sie von diesem, er solle sie umgehend nach Bath zurückbringen. Oberflächlich betrachtet war es eine gute Partie. Harris würde gewiss einmal ein hübsches Anwesen erben, und er war der Bruder ihrer lieben Freundinnen. Doch er war einige Jahre jünger als Jane und ein »sehr unattraktiver Mensch, plump, ungehobelt und ohne Manieren, einzig seine Größe machte ihn empfehlenswert«, erinnerte sich Janes Nichte Caroline. Mit ihren fast 27 Jahren muss Jane das erlebt haben, was ihre Nichte Catherine als einen »vorübergehenden Anfall von Selbsttäuschung« bezeichnete. Die Position, die Harris bieten konnte, hatte zu viele Vorteile, um sie auszuschlagen, doch eine Ehe mit dem Manne selbst konnte sie sich nicht vorstellen. Jane hatte – wie ihre Heldinnen auch – hohe Ansprüche. Wie es Emma im gleichnamigen Roman formuliert: »Dass ich reizend bin, Harriet, genügt aber noch nicht ganz, um mich zum Heiraten zu verleiten. Erst muss ich andere reizend finden – wenigstens einen. … Um in Versuchung zu geraten, müsste ich erst jemanden kennenlernen, der weit besser wäre als alle, die ich bisher gesehen habe.«

SOUTHAMPTON

Man hört, dass uns viele Leute um unser Haus beneiden und dass unser Garten der beste der Stadt ist.

BRIEF VON JANE AUSTEN AN IHRE SCHWESTER CASSANDRA, 21. FEBRUAR 1807

Bevor Jane Austen nach Southampton zog, in die malerische Hafenstadt an der Südküste von England, war sie mindestens zwei Mal schon dort gewesen: zuerst im Sommer 1783, als sie siebenjährig mit ihrer Schwester Cassandra, ihrer Cousine und ihrer Lehrerin dorthin ging, und dann noch einmal 1793, als sie mit Cassandra zusammen – damals 18 und 20 Jahre alt – über die Weihnachtsfeiertage einen Cousin besuchte und es sehr genoss, bei einer Gesellschaft im Dolphin Inn zu tanzen. Nun aber, im Herbst 1806, waren Mutter Austen, Jane, Cassandra, ihre Freundin Martha Lloyd und ihr Bruder, Kapitän Francis Austen, mit seiner Frau Mary für unbestimmte Zeit nach Southampton gegangen. Die zwei Familien wollten ihre Haushalte zusammenlegen, Ausgaben sparen und der jungen Mary Gibson Austen, die ihr erstes Kind erwartete, Gesellschaft leisten, wenn Francis zur See fuhr. Southampton – mit seiner für Francis vorteilhaften Nähe zu Portsmouth und den Marinewerften – genoss den Ruf eines heilsamen und attraktiven Urlaubsortes. Die Stadt in der Grafschaft Hampshire lag in einer Bucht namens Southampton Water, auf einer kiesigen Halbinsel zwischen den Flüssen Test und Itchen, mit Blick über den New Forest. »Die liebliche Lage von Southampton, die Eleganz der Gebäude, die Anmut der Umgebung und die vielen anderen Reize von hohem Rang, über die es verfügt, werden diese Stadt immer zu einem modernen Aufenthaltsort machen, zum geeigneten Pflaster für Kuren, Vergnügungen und auch Geschäfte«, hieß es im *Reiseführer für alle Kur- und Seebäder* (1813). Die Luft sei weich, milde und ausreichend salzhaltig, um als angenehm empfunden zu werden, und sehr heilsam. Dort stand auch, dass es – entgegen den einstigen Erlebnissen der jungen Austen-Mädchen – »für die Gesundheit und die Bildung der Jugend keinen besseren Ort als Southampton« gäbe.

Nach ihrer Ankunft am 10. Oktober bezogen die Austens zunächst möblierte Wohnungen und begannen dann mit der Suche nach einer dauerhaften Bleibe. »Die Herbergen hier sind im Allgemeinen sehr komfortabel, viele sogar elegant«, berichtete der Autor von *Eine Reise nach Cornwall* (1799). Bald schon ließen sich die Austens häuslich nieder und begannen ein ruhiges Leben, lasen an den Abenden, halfen Mary beim Besorgen der Ausstattung fürs Kind und empfingen gelegentlich Gäste. Über die Wohnorte selbst gibt es keine genauen Angaben, doch waren sie geräumig genug, um dort Gäste zu empfangen und übernachten zu lassen. Als Martha Lloyd und Cassandra über die Weihnachtszeit länger bei Verwandten weilten, kamen James Austen (der älteste Austen-Sohn) mit seiner Frau Mary Lloyd Austen (Marthas Schwester) und der kleinen Tochter Caroline zu einem Neujahrsbesuch. Normalerweise kümmerte sich Cassandra um den Haushalt, wies die Bediensteten an und bestellte das Essen. Nun war Cassandra fort, und Jane kümmerte sich um die Haushaltsführung der Familie – eine Aufgabe, die nicht ganz nach ihrem Geschmack war. Zu allem Überfluss fehlte auch noch die Köchin Jenny, und Molly, die für sie einsprang, brachte Speisen zustande,

Southampton, Hampshire, frühes 19. Jahrhundert

die zuweilen an eine Katastrophe grenzten: »Captain Foote hat am Freitag mit uns gegessen«, schrieb Jane an Cassandra, »was er, wie ich fürchte, wohl sobald nicht noch einmal wagen wird, denn die Krönung der Mahlzeit war eine gekochte Hammelkeule, die selbst für James' Geschmack noch nicht gar war, und Captain Foote hat eine ganz besondere Abneigung gegen halbgares Hammelfleisch. Doch er war so gut gelaunt und unterhaltend, dass ich mir nicht allzu viele Gedanken darüber machte, ob er auch satt wurde.« Auch in der Woche nach dem unglückseligen Essen kam Jenny noch nicht zurück, berichtete Jane. »Ich kann nur vermuten, dass sie durch Krankheit des einen oder anderen an der Rückfahrt gehindert wird. … Zum Glück wusste ich nicht vorher, dass sie während des ganzen oder doch fast des ganzen Aufenthaltes unserer Freunde nicht da sein würde, denn obwohl es natürlich einige Schwierigkeiten für uns gab, hatte ich doch weit größere befürchtet. Unsere Mahlzeiten haben schon recht erheblich darunter gelitten, dass sie von Molly erdacht und zubereitet wurden; sie versteht sich jetzt besser aufs Braten als früher, kann es aber nicht so gut wie Jenny.« Unweigerlich freute sich Jane darauf, die Gäste zu verabschieden. »Wenn Du diesen Brief erhältst, werden unsere Gäste alle abgereist sein oder wenigstens im Aufbruch, und ich werde wieder genug Zeit für mich selbst haben, kann mich von den Sorgen um Reispuddings und Apfelkrapfen erholen und werde vermutlich bereuen, mir nicht noch mehr Mühe gegeben zu haben, sie alle zufriedenzustellen« (7.–8. Januar 1807).

Das beschauliche Leben der Austens wich schneller einem gesellschaftlicheren, als ihnen lieb war. »Unser Bekanntenkreis wächst zu schnell«, schrieb Jane an Cassandra:

Kürzlich ist Admiral Bertie Frank (Francis) begegnet, und ein paar Tage später machten der Admiral und seine Tochter Catherine uns ihre Aufwartung. An beiden war nichts besonders Liebenswürdiges zu bemerken, auch nicht das Gegenteil. Zu den Berties kommen noch die Lances, die uns auch ihre Visitenkarten geschickt haben und deren Besuch Francis und ich gestern erwiderten. … Wir trafen nur Mrs Lance zu Hause an, und ob sie sich eines anderen Sprösslings als ihres riesigen Pianoforte rühmen kann, wurde nicht ersichtlich. Sie war zuvorkommend und

GANZ OBEN *Southampton, die Watergate und das Globe Inn*, von Thomas Rowlandson, undatiert
OBEN *Ein Mädchen schält Gemüse*, von Joshua Cristall, um 1810–1815
GEGENÜBER Southampton, aus *Hampshire oder die Grafschaft von Southampton, einschließlich der Isle of Wight*, von Thomas Milne, 1791

gesprächig und bot an, uns einige ihrer Bekannten in Southampton vorzustellen, was wir jedoch dankend ablehnten. Ich nehme an, sie zeigen sich auf Geheiß von Mr Lance in Netherton derart liebenswürdig, da es sonst keinen Grund gibt, warum sie Umgang mit uns wünschen sollten. Ich vermute, sie werden nicht oft kommen. Sie leben auf recht großem Fuße und sind reich, und Mrs Lance schien sich in ihrem Reichtum durchaus wohlzufühlen, während wir ihr zu verstehen gaben, dass wir weit davon entfernt sind, reich zu sein. So wird sie bald das Gefühl haben, wir seien des Umgangs mit ihr nicht würdig.
8. JANUAR 1807

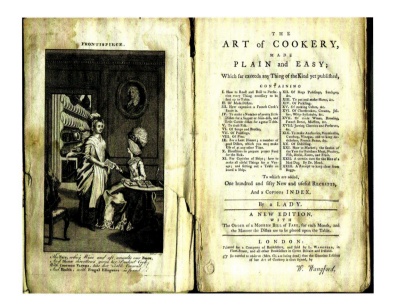

Die Austens brauchten eine ganze Zeit, bis sie ein Haus gefunden hatten, das nach ihrem Geschmack, bezahlbar und ausreichend groß war. Im Februar aber fanden Mutter Austen und Francis, die ihre Einnahmen und Ausgaben zusammengelegt hatten, ein »komfortables Haus im alten Stil in einer Ecke des Castle Square« zur Miete, hielt Neffe James Edward Austen-Leigh später in seinen *Memoiren* fest. Mutter Austen war ob der voraussichtlichen Ausgaben sehr erleichtert, berichtete Jane ihrer Schwester Cassandra, und sinnierte zufrieden über »den tröstlichen Status ihrer eigenen Finanzen«. Francis Plan der Zusammenführung beider Haushalte schien für beide Familien aufzugehen, solange sie ihre Mittel mit Bedacht ausgaben. »Auch Francis hatte seine Rechnungen beglichen und alles durchkalkuliert, und beide fühlen sich den nun zu erwartenden Ausgaben gewachsen. Eine starke Mieterhöhung würde freilich beiden sehr zu schaffen machen. Francis hatte sich, soweit ich weiß, eine Grenze von 400 Pfund im Jahr gesetzt« (7.–8. Januar 1807).

Das Haus der Austens am Castle Square Nr. 3 und auch der Castle Square selbst lagen etwas erhöht über der Stadt an einer Stelle, auf der eine mittelalterliche Burg auf einem kleinen Hügel innerhalb der Stadtmauern gestanden hatte, von denen zu Austens Zeiten noch ein Großteil zu sehen war. Damals kam das Wasser bei Flut bis direkt an die Mauern heran, schrieb der Autor von *Ein Spaziergang durch Southampton* (1805): »Die Mauern haben an dieser Stelle eine Höhe von achteinhalb Metern … Die Flut brandet

der Länge nach an die Mauer, bis ganz an die Nord-West-Ecke, … und der Erdboden liegt über die gesamte Strecke hinweg fast auf einer Höhe mit dem Meer, sodass dieses sich wie eine wunderschöne Terrasse zu den Gärten der Häuser an der High Street und

GANZ OBEN Titelseite und -bild von *Kochkunst schlicht und einfach*, von Hannah Glasse, um 1777
OBEN Die pseudogotische Burg des Marquis von Lansdowne in Southampton, 1805

AUF DEN SPUREN VON JANE AUSTEN

am Castle Square ausnimmt, bis an die Mauern reicht und eine bezaubernde Sicht auf die Bucht bietet; von der Stadt bis hinüber nach Milbrook, und vom Fluss dahinter bis nach Redbridge.« Tatsächlich gehörten der Garten und die Aussicht zu den besten Attributen des Hauses, erinnert sich James Edward: »Großmutters Haus hatte einen hübschen Garten, der an einer Seite durch die alten Stadtmauern begrenzt wurde; die Mauerkrone war so breit, dass man bequem darauf spazieren konnte und von dort eine weitreichende Sicht hatte; Treppen erleichterten den Damen den Zugang.«

Bevor sie einzogen, nahmen die Austens Verbesserungen an Haus und Grundstück vor. Nach den beschränkten Möglichkeiten in ihrem Stadtgarten in Bath muss es besonders wohltuend gewesen sein, den neuen großen Garten zu gestalten, der Platz genug bot, um nicht nur Blumen, sondern auch Obst- und Blühsträucher zu pflanzen. Erfreut schrieb Jane an Cassandra: »Unser Garten wird von einem Mann in Ordnung gehalten, der einen bemerkenswert guten Ruf hat, frisch und gesund aussieht und etwas weniger verlangt als der letzte. Die Sträucher, die den Kiesweg säumen, sagt er, seien Zaunrosen und Rosen, letztere von einer mittelmäßigen Sorte, mithin wollen wir einige von einer besseren Art nehmen, und auf meinen besonderen Wunsch beschafft er uns Fliederbüsche. Auf Flieder kann ich – schon wegen der Zeile bei Cowper – nicht verzichten. Auch Goldregen ziehen wir in Betracht. Die Begrenzung unter der Terrassenmauer wird entfernt, damit dort Johannis- und Stachelbeersträucher gepflanzt werden können. Und eine für Himbeeren sehr geeignete Stelle ist auch schon gefunden« (8. Februar 1807). Der Flieder, von dem sie spricht, wurde von William Cowper im Gedicht »Die Aufgabe« erwähnt:

… *Laburnum, reich*
im Golde fließend – Syringa, pures Elfenbein …
der Flieder wechselschön im Kleid, bald weiß,
bald blutrot, und sein wunderbares Haupt
besetzt mit Purpurpyramiden, …
… ein Fliegenschwarm von Blüthen …

LINKS OBEN *High Street, Southampton*, aus Ackermans *Repository of Arts*, 1812
LINKS Hauskleid für Oktober, 1812

SOUTHAMPTON

Drinnen im Haus gingen die Ausbesserungen und Ausbauten weiter; man schaffte viel Neues an. Cassandra, die noch immer in Godmersham bei ihrem Bruder Edward weilte, verpasste alles, wie Jane ihr schrieb: »Francis und Mary wären ganz und gar nicht damit einverstanden, wenn Du nicht rechtzeitig nach Hause kommst, um ihnen bei ihren letzten Anschaffungen behilflich zu sein, und sie lassen ausrichten, dass sie in diesem Falle so gehässig wie möglich sein werden und alles so auswählen, dass Du Dich besonders ärgern wirst: Messer, die nicht schneiden, Gläser ohne Boden, ein Sofa ohne Sitz und ein Bücherregal ohne Bretter« (8. Februar 1807). Sie bat Cassandra, aus Godmersham Blumensamen für den Garten mitzubringen, »besonders Reseda« (20. Februar 1807). Gemeinsam mit der Dienerschaft und einer Arbeiterin, Mrs Day, die aushalf, hatten sie viele Näharbeiten zu verrichten, bevor sie einziehen konnten: das Bettzeug und die Vorhänge für alle Betten der Familie und vieles mehr. Jane schrieb: »Die Betten in den Dachkammern sind hergerichtet, und unsere werden heute fertig. Ich hatte gehofft, es wäre bereits alles am Samstag erledigt, aber weder Mrs Hall noch Jenny konnten dabei genügend helfen, und ich habe bisher sehr wenig getan, Mary gar nichts. Diese Woche werden wir mehr arbeiten, und ich hätte gern alle fünf Betten bis zum Ende der Woche fertig. Danach müssen noch die Fenstervorhänge, Sofabezüge und ein Teppich geändert werden« (9. Februar 1807). Francis Austen erwies sich selbst als sehr tatkräftig; er schnitt nicht nur Leinzeug für die Wiegenausstattung des erwarteten Kindes zurecht, sondern half auch beim Ausgestalten. »Francis hat einen sehr heftigen Husten erwischt für einen Austen«, schrieb Jane an Cassandra, »aber das hat ihn nicht davon abgehalten, die Vorhänge für den Salon mit einem sehr hübschen Saum zu versehen« (21. Februar 1807).

Captain Austens handwerkliches Geschick (er verfertigte einst einen gedrechselten Butterstampfer für eine Nichte) und sein Ehrgeiz, diese Fertigkeiten für die Ausgestaltung seines neuen Mietshauses zu nutzen, inspirierten Jane wohl zu der heimeligen Szene in *Überredung*, in der Anne Elliot Captain Harvilles Familie besucht und sieht, »wie erfinderisch und geschickt Captain Harville alles eingerichtet hatte, um den vorhandenen Raum so gut

wie möglich zu nutzen, die Mängel der gemieteten Möbel zu verbergen und Fenster und Türen gegen die zu erwartenden Winterstürme zu sichern. … ein gemütliches Bild häuslichen Glückes, an dem sich Anne mehr oder weniger erfreute. … Da er sich gerne nützlich machte und sehr geschickt war, fand er zu Hause stets Beschäftigung. Er machte Entwürfe auf dem Zeichenbrett, er strich an und lackierte, er nagelte und leimte; er bastelte Spielzeug für die Kinder. Er erfand neue und bessere Filet- und Sicherheitsnadeln; und wenn es gar nichts anderes zu tun gab, knüpfte er an seinem großen Fischnetz, das in einer Ecke des Zimmers hing.«

Am Castle Square zu leben, bedeutete für die Austens auch, häufig eine der amüsantesten Sehenswürdigkeiten der Stadt zu sehen: den notorisch exzentrischen Marquis von Lansdowne. Der Marquis hatte viele der Häuser des Platzes gekauft; und manche hatte er abgerissen, um sich eine gotische Phantasieburg in Miniaturformat auf die Ruinen des alten Kastells zu bauen, das einst auf diesem Hügel stand. Die neue Burg dominierte den Platz, sie war »zu groß für den Flecken, auf dem sie stand, und zu klein wiederum, um ihrer trutzigen Anmutung gerecht zu werden«, erinnert

OBEN Ausschnitt, *Logbuch eines Seefahrers*, 1805

sich Neffe James Edward. Als Kind hatte er das Austen-Haus besucht und war beeindruckt von den Ausblicken, die man von dort auf den Platz hatte.

Die Marquise hatte einen leichten Phaeton, der von sechs, manchmal acht kleinen Ponys gezogen wurde, von denen ein jedes Paar kleiner und von hellerer Farbe war als das davor – je weiter vom Wagen weg, desto heller und kleiner – mit allen Schattierungen von Dunkelbraun, Hellbraun, Kastanienbraun und Fuchs. Die beiden vordersten Paare wurden von zwei knabenhaften Postillionen gelenkt, die beiden wagennahen Paare von Hand geführt. Es war mir ein Vergnügen, vom Fenster herunterzuschauen und zuzusehen, wie diese zauberhafte Equipage zusammengestellt wurde. Die Wirtschaftsgebäude dieser Burg waren so gebaut, dass das ganze Spektakel auf dem kleinen Platz erfolgen musste, der vom offenen Square noch übrig war.

Der Marquis selbst, so schrieb Louis Simond im *Reisetagebuch eines Aufenthaltes in Großbritannien in den Jahren 1810 und 1811*, war ein hochgewachsener, hagerer Mann, der gerne auf einem »hohen, hageren Pferd ritt und von einem sehr kleinen Pagen auf einem winzigen Pony eskortiert wurde, seinem ›Zwerg‹. Ritter, Zwerg und Burg schienen wie füreinander gemacht. Im Großen und Ganzen muss er ein guter Mann gewesen sein, wie es die Menschen dieser Gegend sind. Obgleich man über Burg und Burgherren lachte, sprach man nur gut von ihm und war kaum gewillt zuzugeben, dass er verrückt war. Doch – wie oben schon erwähnt – scheinen die Voraussetzungen, die es für einen attestierten Wahnsinn braucht, in England nicht so leicht gegeben; für Launen, Grillen und Spleens gibt es hier einen größeren Ermessensspielraum als in anderen Ländern.«

Jane Austen zählte augenscheinlich zu jenen Menschen, die sich über den verrückten Marquis amüsierten. Als die Austens mit der Renovierung des Hauses beschäftigt waren, schrieb sie an Cassandra: »Die Veränderungen und Verbesserungen im Hause schreiten ebenfalls gut voran, und die Wirtschaftsräume werden ausgesprochen bequem«, um dann von einem Treffen mit einem Bediensteten des Marquis zu erzählen. »Unser Frisiertisch wird hier im Hause gebaut, aus einem großen alten Küchentisch, der sich noch hier vorfand. Wir hatten dafür die Einwilligung von Mr Husket, Lord Lansdowns Maler, dem Hausmaler, sollte ich wohl sagen, da er im Schloss lebt. Die Hausgeistlichen mussten diesem offensichtlich wichtigeren Amt weichen, und ich vermute, immer dann, wenn die Wände keinen neuen Anstrich brauchen, wird er mit Arbeiten am Antlitz seiner Herrin beschäftigt« (8. Februar 1807).

Im März endlich war das Haus fertig. Mrs Day wurde gerufen, um »das neue Haus zu putzen und die Betten zu lüften«, und am 9. oder 10. März zogen die Austens ein. Nicht lange danach wurde Francis Austen zum Kommandanten der HMS *St. Albans* berufen, das bedeutete Konvoipflicht nach Afrika, Ost-Indien und China. Während der Vorbereitung und Beladung des Schiffs verpasste er die Geburt seines Kindes Mary Jane, hatte aber vor dem Auslaufen noch einen Monat Zeit für seine Familie; Ende Juni wurden die Segel gesetzt.

In jenem Sommer besuchten die Austens Edward und seine Familie in deren Zweitwohnsitz in Chawton. Briefe von Jane sind aus dem folgenden Jahr keine erhalten, erst wieder vom Sommer 1808, als sie Cassandra von Godmersham (siehe Herrenhäuser) schrieb. Aus Southampton schrieb sie erst im Oktober desselben Jahres, als Jane zurück am Castle Square und Cassandra in Godmersham war, um ihrer Schwägerin bei der Vorbereitung auf die Geburt ihres elften Kindes zu helfen. Janes Briefe waren zunächst voll der üblichen geschwätzigen Neuigkeiten, erzählen von Jagdwild, das man vom Chawton-Anwesen zum Castle Square geschickt hatte, und von der Art der Feste, die man besucht oder gegeben hatte. Ihre Briefe enthielten aber auch unterhaltsame Beobachtungen über die Menschen, die sie getroffen hatte, wie etwa die beiden »anständigen und dümmlichen« Miss Maitland. »Ich habe jeweils einen Ehemann für beide Miss Maitland. Colonel Powlett und sein Bruder haben Argyles Hinterhaus gemietet, und die Folgen sind so natürlich, dass es keine ingeniöse Planung braucht. Sofern wir Glück haben und der Bruder noch etwas törichter ist als der Colonel, wäre das ein wahrer Schatz für Eliza (Maitland)« (1. Oktober 1808).

Dann kam aus Godmersham die tragische Nachricht von Elizabeths plötzlichem Tod, nachdem sie sich von der Geburt des Kindes zunächst zu erholen schien. Jane ließ der Familie über Cassandra ihr tiefstes Beileid und Bedauern zukommen: »Wir fühlten, wir fühlen mit Euch allen – doch das muss ich Dir nicht sagen. Mit Fanny, Henry, Lady Bridges und unserem liebsten Edward, dessen Verlust und Leid, die das aller anderen kaum der Rede wert erscheinen lassen. Gott sei es gedankt, dass Du von ihm sagen kannst, was Du schreibst – dass sein Glaube ihn aufrechterhält und er seiner Veranlagung entsprechend mit der Zeit Trost finden wird. Möge der Allmächtige Euch alle stützen – und Dich, meine liebe Cassandra, gesund erhalten –, im Augenblick wage ich zu sagen, dass Du allem gewachsen bist« (13. Oktober 1808).

Edwards älteste Söhne, Edward und George, waren zu diesem Zeitpunkt in der Schule in Winchester. James und Mary Lloyd holten sie von dort ab und nahmen sie für ein paar Tage zu sich. Dann fuhren sie zu Großmutter Austen und Tante Jane, um einige Zeit im Castle Square zu verbringen. Jane tat alles, um sie zu unterhalten und zu trösten. »Sie benehmen sich in jeder Hinsicht tadellos«, berichtete sie ihrer Schwester Cassandra, »zeigen ihren Schmerz so offen, wie man nur wünschen kann, und sprechen stets mit der wärmsten Zuneigung von ihrem Vater. Beide lasen gestern seinen Brief – und das unter vielen Tränen. George schluchzte laut, Edwards Tränen fließen nicht so leicht; doch soweit ich es beurteilen kann, sind sie beide tief bewegt von dem Geschehenen.« Jane ging mit aufrichtigem Beileid auf ihre Gefühle ein und kümmerte sich auch um die Trauerkleidung, die beide Jungen zu tragen wünschten: »Ich glaube, dass sie schwarze Hosen für notwendig halten, und natürlich möchten wir nicht, dass sie sich nicht wohlfühlen, weil ihnen fehlt, was bei derartigen Anlässen als üblich gilt.« Sie spielte mit ihnen und ging mit ihnen spazieren. »An Unterhaltung fehlt es uns nicht: Fang-den-Ball, worin George einfach unermüdlich ist, Mikado, Papierschiffchen, Worträtsel, Scharaden und Karten nehmen unsere Zeit voll in Anspruch, dazu beobachten wir die Gezeiten im Fluss und machen ab und zu einen Spaziergang. … Während ich dies schreibe, ist George damit beschäftigt, Papierschiffchen herzustellen und zu taufen, um sie danach mit Rosskastanien zu beschießen, welche er eigens zu diesem Zwecke aus Steventon mitgebracht hat. Und Edward ist gleichermaßen in ›Lake of Killarney‹ vertieft, wobei er sich in einem unserer großen Sessel hin und her wälzt« (24. Oktober 1808). Sie nahm sie zu einem kleinen Wasserfest mit und fuhr mit ihnen »von der Itchen-Fähre bis nach Northam, wo wir an Land gingen, die 74 (Schiffe) besichtigten und dann nach Hause liefen« (25. Oktober 1808); und sie hatte vor, mit beiden in die Abtei von Netley zu fahren. Jane war ganz offensichtlich eine liebevolle und hingebungsvolle Tante; und mit Sicherheit wurde diese Liebe auch erwidert.

Dann unterbreitete Edward Austen seiner Mutter einen neuen Plan: Sie sollte ein Haus auf einem seiner Anwesen annehmen und mit Jane, Cassandra und Martha dorthin ziehen. Möglich, dass ihn der Tod seiner Frau so schockiert und betrübt hatte, dass er sich nun danach sehnte, seine Mutter und seine Schwestern bei sich zu haben. Je länger Mutter Austen über diese Idee nachdachte, desto mehr mochte sie sie; und sie begann, Edward nach Details zu fragen, vor allem nach der Anzahl der Schlafzimmer und auch nach dem Garten (siehe Chawton). Auch Jane begann, ihre Pläne zu schmieden. Zu den wenigen Dingen, die sie sich in Southampton gegönnt hatte, hatte ein gemietetes Pianoforte gehört, und auch in Chawton würde sie eines haben, schrieb sie Cassandra: »Ja, ja, wir *werden* ein Pianoforte haben! Ein so gutes, wie wir für 30 Guineen nur kriegen können. Und Volkstänze werde ich üben, damit wir unseren Neffen und Nichten etwas Zerstreuung bieten können, wenn sie uns besuchen« (28. Dezember 1808).

Den Winter und auch den Frühling verbrachten die Austens noch in Southampton. Sie hatten jetzt deutlich mehr gesellschaftliche Kontakte, die Jane denn auch versuchte zu nutzen, wie sie Cassandra schrieb: »Ein größerer Bekanntenkreis und eine Zunahme an Zerstreuungen treffen sich recht gut mit unserem herannahenden Umzug. Ja! Ich habe die Absicht, auf so viele Bälle wie möglich zu gehen und ganz auf meine Kosten zu kommen. Alle sind sehr betroffen von unserem Weggang, jeder kennt Chawton und beschreibt es als bemerkenswert hübsche Ortschaft, und alle kennen unser Haus, aber niemand das richtige.« Erst kürzlich hatte sie sich auf einem Ball im Dolphin Inn amüsiert, und sie schrieb:

Unser Ball war weit unterhaltsamer, als ich es erwartet hatte. Martha gefiel es sehr gut, und bis auf die letzte Viertelstunde musste auch ich nicht gähnen. Es war nach neun, bis wir aufbrachen, und noch nicht zwölf, als wir zurückkehrten. Der Saal war einigermaßen gefüllt, und es gab etwa 30 Tanzpaare. Traurig war, dass Dutzende junger Damen ohne Partner herumstanden, und jede von ihnen mit zwei abscheulich nackten Schultern! Es war derselbe Saal, in dem wir vor 15 Jahren getanzt haben! Ich dachte noch einmal über alles nach und empfand ungeachtet der Schmach, nun so viel älter zu sein, Dankbarkeit, dass ich beinahe so glücklich war wie damals. Wir haben noch je einen Schilling für Tee dazugezahlt, den wir dann in einem angrenzenden und sehr gemütlichen Zimmer einnahmen. … Du wirst diesen Umstand nicht erwartet haben, doch wurde ich tatsächlich zum Tanz aufgefordert, und zwar von dem Gentleman, den wir an jenem Sonntag mit Captain D'Auvergne trafen. Seither hatten wir uns wie flüchtige Bekannte gegrüßt, und nun – da ich Gefallen an seinen schwarzen Augen fand – sprach ich ihn auf diesem Ball an, der mir die Verbindlichkeit beschert hatte; seinen Namen weiß ich jedoch nicht – und er scheint das Englische so wenig zu beherrschen, dass ich glaube, seine schwarzen Augen sind das Beste an ihm.
9. DEZEMBER 1808

Nach dem 30. Januar sind keine Briefe erhalten; aus Familienquellen geht jedoch hervor, dass Mutter Austen, Jane und Cassandra Southampton im Mai verließen und nach Godmersham fuhren, um bei Edward und seiner Familie zu leben, bis das Haus in Chawton für sie hergerichtet werden konnte. Im Juli 1809 schließlich trafen sie in jenem Ort ein, der ihr letzter Wohnort sein sollte.

Dolphin Hotel, Southampton

The Cobb, Lyme Regis, Dorset

AM MEER

Sie gingen an den sandigen Strand, wo sie die Wogen beobachteten, die, von einer leichten Brise aus Südost getrieben, hoheitsvoll über die flache Küste heranrollten. Sie lobten den schönen Morgen, erfreuten sich am Anblick des Meeres, genossen den erfrischenden Wind – und schwiegen.

ÜBERREDUNG

Die Austens machten oft Urlaub bei Freunden oder Verwandten, manchmal jedoch fuhren sie lieber in einen Erholungsort an der Küste. »Edward Cooper war so freundlich vorzuschlagen, dass wir alle im Sommer nach Hamstall fahren statt an die See«, schrieb Jane Austen, »doch sind wir nicht so freundlich, solches zu beabsichtigen. Im darauffolgenden Sommer gern, Mr Cooper, aber gegenwärtig ziehen wir das Meer durchaus unseren Verwandten vor« (25. Januar 1801). Einem Volksbrauch entsprechend, der im *Reiseführer für alle Bäder und Seebäder* (1803) als »der Wahn, einmal im Jahr an die See fahren zu müssen«, bezeichnet wurde, unternahmen auch die Austens einige ausgedehnte Reisen an die Küsten von Devon, Dorset, Sussex, Kent und Wales, hauptsächlich im Sommer oder im Herbst, und meist für einige Wochen. Dort flanierten sie am Ufer entlang, besuchten Tanzveranstaltungen, inhalierten die gesunde Luft und badeten im Meer. Einer Familienüberlieferung nach soll sich Jane an solch einem Ort verliebt haben. Jahre später versuchte Janes Nichte Caroline, sich so gut wie möglich an jene Geschichte zu erinnern, die ihr Cassandra einst erzählte. Es war während eines Familienurlaubs an einer Küste in Devon, vermutlich in Dawlish oder Sidmouth, als Jane einen jungen Mann »von solch charmantem Wesen, Geist und Benehmen« traf, dass Cassandra ihn tatsächlich für ihrer Schwester würdig hielt. »Nie hatte ich Cassandra mit solcher Bewunderung von jemandem sprechen hören; sie hegte keinen Zweifel daran, dass sich zwischen ihm und ihrer Schwester eine beiderseitige Zuneigung anbahnte«, schrieb Caroline. So vielversprechend diese Liebe begonnen hatte, so tragisch endete sie, als die Austens nach dem Urlaub wieder nach Bath zurückkehrten. »Sie trennten sich, doch machte er deutlich, dass er sie ausfindig machen wolle – und kurz darauf starb er!« Mittlerweile weiß man allerdings, dass es die eifersüchtige Cassandra war, die eine weitere Begegnung mit dem Geistlichen Samuel Bicknall durch die fingierte Todesnachricht verhinderte.

Janes Aufenthalte an der Küste inspirierten sie zu einigen Szenen und vielen Nennungen von Seebädern in ihren Romanen. In *Stolz und Vorurteil* hatte Lydia Bennets Aufenthalt in Brighton skandalöse Folgen. In *Überredung* waren »die jungen Leute ... alle darauf versessen, Lyme kennenzulernen«. Ihr unvollendet gebliebener Roman *Sanditon* ist nach einem fiktiven Seebad benannt, in dem die Handlung spielt. In *Emma* schließlich verlieben sich Frank Churchill und Jane Fairfax in Weymouth, und Emma und Mr Knightley können sich keine schöneren Flitterwochen vorstellen als eine »vierzehntägige Seereise«. Aus den atmosphärischen Schilderungen in ihren Romanen wird deutlich, wie sehr Jane Austen die Küste gemocht hatte, und davon ist keine so bildhaft wie die Beschreibung des Seebades Lyme Regis und seiner wunderschönen Landschaft im Roman *Überredung*. »Es muss schon sehr merkwürdig zugehen«, schrieb sie, »wenn jemand in der unmittelbaren Umgebung von Lyme nicht so viele Schönheiten entdeckt, dass er die Gegend genauer kennenzulernen wünscht.« Tatsächlich beschreibt sie die Landschaft in keinem ihrer Romane so detailliert wie in den poetischen Beschreibungen von Lyme Regis und den Schönheiten dieser Gegend:

In der Nachbarschaft liegt Charmouth mit seinen Anhöhen und seinen ausgedehnten Feldern und vor allem mit seiner lieblichen, von dunklen Felsen umschlossenen einsamen Bucht, wo der sandige Strand mit Felsbrocken übersät ist, auf denen man sitzen und träumen und das Herannahen der Flut beobachten kann, ohne dessen je überdrüssig zu werden. Das anmutige Dörfchen Up Lyme erfreut durch seine abwechslungsreichen Waldungen. Am schönsten aber ist Pinny mit seinen grünen Schluchten zwischen romantischen Felsen, wo vereinzelte Waldbäume und üppig gedeihende Obstbäume zeigen, dass der Zerfall des Felsens schon vor Urzeiten begonnen haben muss, um den Boden für ein so wunderbares Wachstum zu bereiten, das die Fruchtbarkeit ähnlicher Gegenden der weithin berühmten Isle of Wight noch übertrifft. Alle diese Orte muss man immer wieder besuchen, um Lyme schätzen zu lernen.
ÜBERREDUNG

Das Seebad Lyme Regis, bekannt als die »Perle von Dorset«, liegt in einer malerischen Gegend am westlichen Rand der Grafschaft Dorset, etwa 240 Kilometer westlich von London. Mindestens zwei Mal waren die Austens an diesem Ort gewesen. Der erste Besuch scheint im November 1803 gewesen zu sein, in ebenjenem Monat, in dem auch ihre Figuren in *Überredung* diesen Ort besuchen, und in jenem Jahr, in dem Jane – wie ihre Heldin Anne Elliot – 27 Jahre alt war. Der zweite Besuch fand im Spätsommer und Frühherbst 1804 statt. Lyme Regis, das »hauptsächlich von Leuten mittleren Alters besucht wird«, wie der Bäderführer schreibt, wird den Austens »Unterkünfte und Herbergen« geboten haben, die »nicht nur kostengünstig, sondern sogar billig waren«. Bei ihrer Ankunft werden sie »den langgestreckten Hügel nach Lyme hinuntergerollt sein und die Stadt erreicht haben, wo die Straße noch steiler abfiel«, wie es auch ihre Figuren taten, dann »die Hauptstraße hinunter, die geradezu ins Meer zu stürzen schien«, bis zu ihrer Herberge. Sehr wahrscheinlich ist, dass sie im Pyne House untergekommen, auf der Broad Street Nr. 10. Das Pyne House steht noch heute und bietet – passenderweise – noch immer Touristenunterkünfte.

1804 begleiten Janes Bruder Henry und seine Frau Eliza, die modebewusste ehemalige Gräfin de Feuillide, die Austens nach Lyme Regis. Als Henry, Eliza und Cassandra weiter nach Weymouth zogen, blieben Jane und ihre Eltern in Lyme Regis, suchten sich aber eine kleinere Unterkunft, möglicherweise in der Hiscott-Herberge auf der Broad Street. Das neuere Drittel des Hauses, in welchem heute das Three Cups Hotel untergebracht ist, wurde erst 1807 errichtet, nach dem Besuch der Austens; der hintere Teil aber stammt aus der Zeit von Janes Besuch in Lyme. In einem Teil der Hiscott-Herberge ist heute das Sea Tree House untergebracht, das Ferienwohnungen bietet und Gästen einen Blick auf jene Stelle des Cobb verspricht, an der »Louisa Musgroove stürzte«. Man kann sich vorstellen, mit welchem Genuss Jane aus dem Fenster ihrer Bleibe schaute, ebenso wie Charlotte in *Sanditon*, die »genügend Kurzweil darin fand, an ihrem breiten venezianischen Fenster zu stehen und hinaus über die wehende Wäsche und die Hausdächer hinweg auf das in Sonnenschein und Frische funkelnde und tanzende Meer zu schauen«.

Der erste Blickfang in Lyme Regis ist der Cobb, eine mächtige Brandungsmauer, die – in der einen oder anderen Form – schon seit dem 13. Jahrhundert hier steht und den Booten im Hafen und wohl auch der Stadt selbst Schutz bietet. In *Überredung* lockt es Anne Elliot, Captain Wentworth und ihre Begleiter, gleich nach ihrer Ankunft dorthin zu spazieren.

Nachdem man Quartiere gemietet und in einem der Gasthäuser ein Dinner bestellt hatte, war es unumstritten das Nächste, sofort ans Meer hinunterzugehen. Sie waren zu spät im Jahr gekommen, um noch etwas von den Abwechslungen und Vergnügungen zu erleben, die Lyme als Badeort zu bieten vermag. Die Fremdenheime waren geschlossen, die Gäste waren fast alle abgereist, man traf fast nur noch Einheimische an. … Ein Spaziergang nach dem Cobb, der die anmutige kleine Bucht säumt, wo es während der Saison von Badekarren und Badegästen wimmelt, und die uralten

GEGENÜBER OBEN *The Square, Lyme Regis*, um 1840. Das Hotel links ist das Three Cups Hotel
GEGENÜBER UNTEN LINKS Teil des originalen Pyne House, Broad Street Nr. 10a, Lyme Regis
GEGENÜBER UNTEN RECHTS *Sicht auf Lyme Regis von Osten*, 1796

AM MEER

Schönheiten und neuen Anlagen des Cobb selbst, dessen wunderbare Felsenkette sich bis an den Ostrand der Stadt erstreckt ... das ist es, wonach es die Besucher dürstet. ... Die (sechs) aus Uppercross gingen an den verlassenen, trübselig wirkenden Häusern vorbei und immer weiter bergab und gelangten bald an die Meeresküste; dort schlenderten sie gemächlich, sich immer wieder umschauend, wie es jeder tut, der zum ersten Mal wieder an die See kommt und ihre Schönheiten recht zu genießen versteht, auf den Cobb zu ...
ÜBERREDUNG

Später springt die ungestüme Louisa Musgrove von der Treppe hinab, die vom oberen Rand des Cobb hinunterführt, verfehlt Captain Wentworths Arme, schlägt mit dem Kopf auf Stein und stirbt. Für diese Treppe werden oft jene gefährlichen, grob behauenen Steinstufen gehalten, die als »Großmutters Zähne« bekannt sind; wahrscheinlicher ist jedoch – informiert das Lyme Regis Museum –, dass es sich bei jenen Stufen um jene (ebenso unsicheren) weiter oben »auf der Höhe des Neuen Cobb« gehandelt hatte, von denen man in *Überredung* hinabsteigen wollte.

Jane selbst genoss es, durch Lyme Regis zu spazieren. Von einem dieser Ausflüge erzählte sie Cassandra, Begleitung und Familie mit dem üblichen sarkastischen Humor kommentierend: »Gestern Morgen habe ich Miss Armstrong einen Besuch abgestattet«, schrieb sie. »Wie andere junge Damen ist sie bedeutend vornehmer als ihre Eltern. Mrs Armstrong war während meines ganzen Besuches damit beschäftigt, ein paar Strümpfe zu stopfen. Ich erwähne das aber nicht zu Hause, sonst missversteht Mama die Warnung noch als Beispiel! Anschließend sind wir für eine Stunde auf dem Cobb spazieren gegangen. Man kann sich sehr gut mit ihr über alltägliche Dinge unterhalten; besonderen Witz oder Geist kann ich freilich nicht ausmachen, doch besitzt sie Vernunft und einen gewissen Geschmack, und ihre Umgangsformen sind sehr gewinnend. Sie scheint Menschen allzu rasch in ihr Herz zu schließen« (14. September 1804). Jane und ihre Familie erkundeten die wunderschönen Schauplätze, die sie später in *Überredung* beschrieb. Henry erinnerte sich gern an diese Ausflüge, berichtete Jane Cassandra im darauffolgenden Jahr: »Über die Streifzüge, die wir letzten Sommer gemeinsam unternahmen, spricht er mit erfreulicher Rührung« (11. April 1805).

Bei ihrem Aufenthalt in Lyme Regis im November 1803 mochten die Austens – ebenso wie Janes Figuren in *Überredung* – eine nahezu leere Stadt vorgefunden haben. Sie waren zu spät im Jahr angereist, um noch an den üblichen gesellschaftlichen Vergnügungen teilhaben zu können. Doch 1804 fiel der Urlaub auf August und September, als die Saison in vollem Gange war. Die Austens gingen zum Tanz in einen kleinen Gesellschaftssaal, zu welchem auch ein Billardtisch gehörte und ein Kartenzimmer, in dem Vater Austen Sechsundsechzig spielte. »Die Lage dieses Gebäudes ist glücklich gewählt«, hieß es im Bäderführer, »es verfügt über einen bezaubernden Meerblick ... und das Innere ist solide und gut ausgestattet.« Jane schrieb Cassandra über ihre Vergnügungen:

Der Ball gestern Abend war schön, für Donnerstag aber ziemlich schlecht besucht. Vater blieb, sehr zufrieden, bis halb zehn – wir waren kurz nach acht gekommen –, und machte sich dann in Begleitung von James und einer Laterne auf den Weg zu Fuß nach Hause. ... Mama und ich sind etwa eine Stunde länger geblieben. Zu den beiden ersten Tänzen hat mich keiner aufgefordert; die folgenden zwei habe ich mit Mr Crawford getanzt, und hätte ich mich entschlossen, länger zu bleiben, hätte ich auch noch mit Mr Granville tanzen können, Mrs Granvilles Sohn, den meine liebe Freundin Miss Armstrong mir vorstellen wollte. Vielleicht hätte ich auch mit einem neuen Gesicht in der Runde getanzt, mit einem komisch aussehenden Mann, dessen Augen mir schon eine ganze Weile gefolgt waren und der mich schließlich, ohne jede Vorstellung, fragte, ob ich noch einmal tanzen wollte. Nach seiner Ungezwungenheit zu urteilen muss er Ire sein, außerdem meine ich, dass er zu den ehrenwerten Barnwalls gehört, Sohn und Schwiegertochter eines irischen Viscount, kühne Menschen von ungewöhnlichem Äußeren, genau das Richtige, um in Lyme unbedingt zur Crème zu gehören.
14. SEPTEMBER 1804

GEGENÜBER Aussicht von Emmetts Hill gen Westen über Chapman's Pool, Isle of Purbeck, Dorset

AM MEER

LINKS Badekarren in Lyme Regis, etwa 1870er-Jahre
RECHTS Ausschnitt, Titelseite von *Reiseführer für alle Bäder und Seebäder*, von John Feltham, 1803

Bälle und andere Veranstaltungen in Lyme Regis endeten schon früh am Abend; eine gesunde Gepflogenheit für ein Seebad, kommentierte der Bäderführer. Denn was könnte es Ärgeres geben, fragte man weiter, als dass »jene, die den größten Teil der Nacht in überfüllten und ungesund aufgeheizten Räumen geschwitzt hatten, am Morgen dann zwanglos und hitzig – wie sie sein müssen – ihre Körper entblößten und beim jähen Eintauchen ins Meer einen Schock erlitten?« Das Baden im Meer war eine verbreitete Sitte und galt als heilsam und therapeutisch wirkungsvoll. In *Sanditon* verkündet der ansässige Kurverwalter, Mr Parker, dass »die Seeluft und das Baden im Meer zusammen unfehlbar« seien, »doch wohl auch jedes für sich ein ebenbürtiger Gegner jeglicher Störung ist, sei es des Magens, der Lunge oder des Blutes. Sie wirken entkrampfend, antiseptisch, antirheumatisch, lindern Reize und befreien die Lunge. Am Meer gibt es keine Erkältung, keinen Hunger, keine Spirituosen und keine Verspannung.« Wollte jemand baden, wurde er in einem Badekarren ins Meer gezogen, der wie eine Kabine auf Rädern aussah, in der man sich umkleiden und von der aus man ungestört ins Wasser gehen konnte. Gehilfen, manchmal auch »Dipper« (zu Deutsch »Tunker«) genannt, halfen den Badenden beim Hinabsteigen der Leiter vom Badekarren ins Wasser oder beim Schwimmen, oder sie »tunkten« die Badegäste einfach so oft ins Wasser, wie es der Arzt verordnet hatte.

Auch Jane badete einige Male, obwohl sie ein leichtes Fieber hatte, und schrieb Cassandra: »Mir geht es weiterhin recht gut, zum Beweis habe ich heute Morgen wieder gebadet. Es war absolut notwendig, dass ich dieses kleine Fieber und Unwohlsein hatte – außerdem war es diese Woche in ganz Lyme Mode.« Sie genoss das Meeresbad in vollen Zügen und hätte es damit fast ein wenig übertrieben. Sie schrieb: »Das Bad heute Morgen war eine solche Wonne, und Molly (die Dienerin) hat mich so gedrängt, mich ja zu vergnügen, dass ich wohl etwas zu lange im Wasser geblieben bin, denn seit Mitte des Tages fühle ich mich unverhältnismäßig müde. Beim nächsten Male werde ich vorsichtiger sein und morgen nicht baden, obwohl ich es vorhatte« (14. September 1804).

Außer den langen Aufenthalten in Lyme Regis unternahmen die Austens auch Ausflüge in andere Orte am Meer. Im Sommer 1801 reisten sie vermutlich zur Südküste von Devon, nach Sidmouth und Colyton. Leutnant Charles Austen, der während einer Kampfpause vom Napoleonischen Krieg nach Hause geschickt worden war, begleitete die Austens 1802 offenbar nach Dawlish und Teignmouth in Devon und möglicherweise auch nach Tenby und Barmouth in Wales. Devon lieferte Jane die Inspiration für einige Schauplätze in *Verstand und Gefühl*, wie etwa Barton Cottage in Devon, wo die Dashwood-Frauen hinziehen. Entgegen der Annahme des törichten Robert Ferrar befindet sich ihr Häuschen jedoch nicht in der Nähe von Dawlish: »Er schien ziemlich erstaunt zu sein, dass jemand in Devonshire leben konnte, ohne in der Nähe von Dawlish zu wohnen.« Dawlish schien für ihn eine faszinierende Anziehungskraft zu haben. Er und Lucy Steele verbringen schließlich ihre Flitterwochen dort, an einem Ort, sagt Lucy, auf den er »sehr neugierig ist«. In *Die schönsten Orte von England und Wales*, einem Reiseführer von 1802, steht: »Dawlish, früher eine unbedeutende Fischfangbucht, ist heute zu einem Seebad von beachtlichem Ruf geworden, das beständig Verbesserungen und Neuerungen erfährt.« Das Ansinnen der Einwohner, aus Dawlish einen modernen Urlaubsort zu machen, mochte Jane in den Sinn gekommen sein, als sie später den aufstrebenden Badeort Sanditon beschreibt:

Der Ort bot wenig mehr als ein paar Häuschen, doch war man mit dem Geist der Zeit gegangen und hatte zwei oder drei von ihnen mit weißen Gardinen und »Zimmer zu vermieten« etwas herausgeputzt. … (In der Nähe) der Kuppe eines steilen, aber nicht sehr hohen Felsens (stand) … eine kleine Reihe hübsch aussehender Häuser, die sogenannte Terrasse. Davor gab es eine breite Promenade, die ganz danach trachtete, die Einkaufsmeile des Ortes zu werden. In dieser Zeile gab es die besten Modegeschäfte und eine Bibliothek und etwas abgerückt davon ein Hotel und ein Billardzimmer, und hier begann auch der Abstieg hinab zum Strand und zu den Badekarren; kurz: es war ein Lieblingsort für Mode und Schönheitskuren.

Jane selbst schien von den Annehmlichkeiten, die Dawlish zu bieten hatte, nicht sehr beeindruckt gewesen zu sein. Zwölf Jahre später schrieb sie ihrer Nichte, dass die Bibliothek »recht erbärmlich« sei (10. August 1814).

Nach Vater Austens Tod 1805 verbrachten Mutter Austen und ihre Töchter einige Sommerwochen bei Edwards Familie in Godmersham. Im September darauf trafen sie sich alle – auch Martha Lloyd – in Worthing. Der *Reiseführer oder Englisches Reisetagebuch* von 1805 berichtet, dass Worthing »zumeist … von modebewussten Badegästen besucht wurde … aufgrund des feinen Sands«. Angemerkt wird dort auch, dass hier »ein paar ärmliche Fischerhütten und Schleuserbuden innerhalb kurzer Zeit Gebäuden gewichen waren, die ausreichend groß und elegant waren, um die besten Familien des Königreiches zu beherbergen, sodass sich das (benachbarte) Broadwater neben der wachsenden Pracht

LINKS *Nach der Seite oder allen Seiten*, von Thomas Rowlandson, 1790
RECHTS *Badende Venus (Margate, Kent), Ein moderner Tauchgang*, von Thomas Rowlandson, 1790

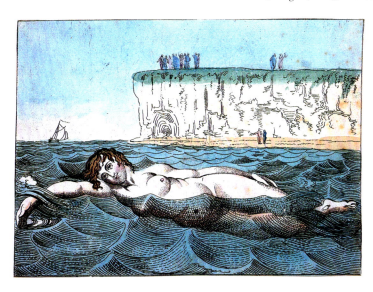
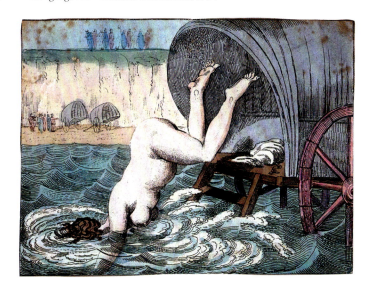

AM MEER

gar verächtlich ausnahm«. Sehr wahrscheinlich bot Worthing genügend Inspirationen für Janes erdachtes Seebad Sanditon. Die Parallelen zwischen Worthing und Sanditon (in Janes unvollendet gebliebenem gleichnamigen Roman) sind jedenfalls verblüffend, haben doch viele Orte und Anlagen von Worthing ihre Entsprechung in Sanditon. Sogar Janes Kurverwalter, Mr Parker, erinnert stark an Worthings Edward Ogle. Die Austens logierten im Stanford Cottage. Durch die Bogenfenster des Hauses hatte man eine herrliche Sicht auf das Meer. Das Haus steht noch heute, etwas zurückgesetzt vom südlichen Ende der Warwick Street, und beherbergt ein Restaurant. Den Austens schien es in Worthing gefallen zu haben. Die junge Fanny Austen notierte einige der Unternehmungen in ihrem Tagebuch: »Am Morgen ging ich mit Großmutter zum Strand, um Fisch zu kaufen, und danach mit Mama und Miss Shape (der Gouvernante) zum Baden; das Tauchen dort war höchst erquicklich. … Um vier aßen wir und gingen am Abend dann zu einer Lotterie, bei der Tante Jane gewann und 17 Schillinge bekam.« Die Kirche besuchte man auch, vermutlich St. Mary's in Broadwater, und Fanny schrieb ins Tagebuch, dass Tante Cassandra in einem »warmen Bad« gebadet hatte, zweifelsohne in Wicks's Baths, der einzigen öffentlichen Badeanstalt in Worthing zu jener Zeit. Dann ging Edwards Familie zurück nach Godmersham; Mutter Austen, ihre Töchter und Martha aber blieben noch ein paar Wochen länger in Worthing, vermutlich den ganzen Dezember über. Dieser Aufenthalt in Worthing scheint Janes letzter Familienurlaub an der See gewesen zu sein, doch hatte das Meer offenbar – das zeigen die Romane – weiterhin einen besonderen Platz in ihrem Herzen und ihrer Phantasie.

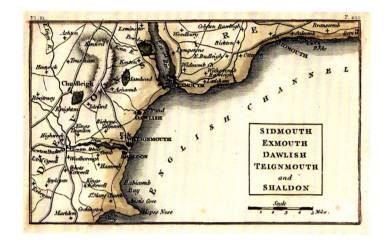

GEGENÜBER OBEN *Die Küste von Worthing*, frühes 19. Jahrhundert. Das Gebäude zur Rechten ist die Badeanstalt Wicks's Baths, die Cassandra Austen besuchte
GEGENÜBER *Worthing*, 1804, in der Nähe von Stanford's Cottage, in dem die Austens logierten. Links im Bild die Kolonnadenbibliothek und rechts das Haus von Edward Ogle, der Jane zur Figur des Mr Parker in *Sanditon* inspiriert haben mag
RECHTS OBEN Küstenstreifen in Devon, auf dem die Orte Sidmouth, Dawlish und Teignmouth zu sehen sind, die die Austens 1801 und 1802 bereisten
RECHTS Kleid für den Nachmittagsbummel, aus *La Belle Assemblée*, Juni 1813

AM MEER

CHAWTON

*Kein Mensch kann sich vorstellen, wie schön der Spazierweg um den Obstgarten
herum geworden ist. Die Buchenreihe sieht wirklich sehr schön aus,
genau wie die frisch gepflanzte Hagedornhecke im Garten. – Heute wurde mir berichtet,
dass an einem der Bäume eine Aprikose gesichtet wurde.*

BRIEF VON JANE AUSTEN AN IHRE SCHWESTER CASSANDRA, CHAWTON COTTAGE, 31. MAI 1811

Im Sommer 1809 zog Jane Austen ins Chawton Cottage, an ihren letzten Wohnort –, und an jenen Ort, der mit ihrem Dasein als Schriftstellerin am meisten verbunden ist. Hier würde sie ihre ersten drei Werke *Verstand und Gefühl*, *Stolz und Vorurteil* und *Die Abtei von Northanger* druckfertig redigieren, und hier würde sie auch die Romane *Mansfield Park*, *Emma* und *Überredung* schreiben. Mit der Rückkehr nach Hampshire kam Jane in ihre Heimat zurück. Ihr Neffe schrieb: »Chawton kann man als *zweites* und auch *letztes* Zuhause von Jane Austen bezeichnen. In ihren zeitweiligen Wohnorten Bath und Southampton war sie nur zu Gast in fremden Landen, hier jedoch fand sie ein richtiges Zuhause beim eigenen Volk.«

Das Cottage steht in der reizenden Ortschaft Chawton, in der Nähe von Alton, in einer besonders schönen und ruhigen Gegend von Hampshire. Chawton – eine malerische Ansammlung von Backstein- und Fachwerkhäusern, einige noch mit Strohdächern und herrlich klassischen englischen Landhausgärten – hat sich seit jenen Tagen, da es von Janes Bekannten in Southampton als »bemerkenswert hübsch« bezeichnet worden war, kaum verändert. Das Chawton Cottage selbst stammt aus dem 17. Jahrhundert (die Inneneinrichtung zum Teil aus dem 16. Jahrhundert). Man nimmt an, dass es einst als Bauernhaus gebaut worden war und in der zweiten Hälfte des 18. Jahrhunderts einige Jahre als Wirtshaus genutzt wurde. Es ist ein weitläufiges und geräumiges, ziegelrotes Backsteinhaus mit L-förmigem Grundriss und zwei Etagen, das an der Gabelung der alten Winchester Road und der Gosport Road steht. Damals befand sich an der Gabelung noch ein grasumstandener seichter Teich, der später jedoch trockengelegt wurde. Eine entzückende Aquarellzeichnung – vermutlich von Janes Nichte Anna – zeigt das Cottage mit weiß getünchter oder verputzter Fassade und rotem Ziegeldach in einer idyllisch ländlichen Umgebung. Eine alte Frau mit Marktkorb und Gehstock kommt bedächtig heran, ein überdachter Pferdewagen rollt in der Ferne davon, im Teich schwimmen Gänse, und auf der Straße spazieren zwei Frauen in gleichen Kleidern und Hauben – vielleicht Jane und Cassandra – mit Sonnenschirmen und einem kleinen schwarzen Hund, der gerade heranstürmt.

Am 7. Juli, als Jane, Cassandra und Mutter Austen hier ankamen, müssen Haus und Garten besonders einladend ausgesehen haben. Edward, der die Damen zu ihrem neuen Heim auf seinem Landbesitz in Chawton begleitete, muss sich alle Mühe gegeben und sehr viel Geld investiert haben, um das Haus – ehemals das seines Gutsverwalters – in einen »behaglichen Wohnsitz« für Mutter und Schwestern zu verwandeln. Mutter Austen hatte diesem Umzug schon monatelang entgegengesehen und eifrig versucht, zu planen und Informationen über das Haus zu erlangen. »Es gibt sechs Schlafzimmer in Chawton; Henry schrieb Mama

Chawton Cottage, Jane Austen House Museum, Chawton, Hampshire

Chawton Cottage, vermutlich von Anna Austen, Anfang des 19. Jahrhunderts

gestern und erwähnte glücklicherweise die Anzahl – es war genau das, was wir hören wollten. Er spricht auch von Dachkammern, die man als Abstellräume nutzen könnte. Eine davon wollte Mama sogleich für Edwards Diener herrichten (bei dessen Besuchen), aber jetzt muss die Kammer vielleicht für unseren eigenen herhalten, denn Mama hat sich ganz mit dem Gedanken angefreundet, dass wir einen haben werden. Die Schwierigkeiten, ohne Diener auszukommen, haben wir vorher eingehend erwogen. Wenn Du gestattest, soll er Robert heißen« (21. November 1808). Edward hieß seine Tagelöhner, alle möglichen Verbesserungen vorzunehmen: einen Abwassertümpel zu säubern, Holz für Mutter Austen zu hacken, die Außeninstallationen (wie auch den Brunnen) auszubessern, weitere Schlafzimmer über der Küche im Hinterhaus einzurichten und das Fenster des Salons zuzumauern, das zur belebten Fuhrwerkstraße nach Winchester hinausging, um den Damen etwas mehr Privatsphäre zu schaffen. Dafür setzte man an der Seite des Salons ein anderes Fenster ein, das einzig zum schönen Garten hinausging und mit kleinen gotischen Spitzbögen versehen wurde. »Drinnen und *draußen* war alles aufs Schönste gepflegt«, erinnerte sich Janes Nichte Caroline, die oft im Cottage zu Besuch war. »Das Haus war gut möbliert, und auch insgesamt war es eine komfortable, damenhafte Einrichtung, obgleich es mir schien, dass die Mittel, mit denen es unterhalten wurde, recht kärglich waren. Das Haus entsprach im Allgemeinen den damals für Pfarrhäuser üblichen Standards, ganz im alten Stil: mit niedrigen, grob verputzten Decken, *einigen* sehr kleinen

Chawton Cottage, um 1911

Schlafzimmern, *keinen* sehr großen Zimmern, doch genug davon, um die Bewohner und einige Gäste zu beherbergen.«

Insgesamt weist das Chawton Cottage – »massiv und behaglich«, wie es war – viele Ähnlichkeiten mit dem Barton Cottage auf, jenem Haus in *Verstand und Gefühl*, in das die Dashwood-Frauen nach dem Tode von Mr Dashwood ziehen. Obwohl sich das Barton Cottage im Vergleich zum Herrenhaus, aus dem sie kamen, recht klein ausnahm, war Mrs Dashwood doch »mit der Größe und der Einrichtung des Hauses … insgesamt sehr zufrieden«. Ungeachtet von Größe und Art der Räume fanden die Austens am Chawton Cottage und seinen Umbauten großen Gefallen. Ein Leben hier hatte aber auch noch andere Vorteile: Henry Austen hatte eine Niederlassung seiner Bank im nahegelegenen Alton (in der High Street Nr. 10, später 24), und Francis und Mary Austen hatten das Rose Cottage übernommen (Lenten Street Nr. 31; heute zwei Grundstücke), in welchem Mary, die ihr zweites Kind erwartete, wohnen würde, wenn Francis zur See fuhr. Bald nach der Ankunft der Austen-Frauen schrieb Jane einen Brief an Francis, der zu einer zweijährigen China-Reise aufgebrochen war, und berichtete ihm glücklich von der Situation im Cottage:

Was uns betrifft, so geht's uns gut,
Wie schlichte Prosa kund Dir tut.
Cassandras Feder malt Dir aus,
Wie behaglich schon das Haus
In Chawton und wie viel darin
Schon eingericht' nach unsrem Sinn.

Wir sind gewiss, dass, wenn vollendet,
Es alle Häuser überblendet,
Die je gebaut und restauriert,
Ob's große oder kleine Räume ziert.
BRIEF VON JANE AUSTEN AN FRANCIS AUSTEN, 26. JULI 1809

Das Grundstück um das Chawton Cottage wurde für Jane, Cassandra und Mutter Austen in einen ansehnlichen Ort umgestaltet, und auch für die gemeinsame Freundin Martha Lloyd, die weiterhin mit ihnen lebte, lustwandelte und sich an der Natur erfreute. Einige kleinere Nachbaranlagen wurden einbezogen, um das Anwesen zu vergrößern, und Hecken wurden gepflanzt, um sich gegen die Straße abzuschirmen. Das Haus wurde jetzt von einer Strauchhecke eingerahmt, mit Kieswegen davor, und »Akeleien, die schon schön blühen und neben denen auch bald die Feder- und die Bartnelken aufgehen werden«, wie Jane schrieb (29. Mai 1811). Auch ihre geliebten Fliederbüsche wurden wieder gepflanzt. Es gab einen Obstgarten mit Obstbäumen, die an Mauergittern hochwuchsen, und »einen guten Küchengarten«. Die überaus praktische Mutter Austen hatte sich im Winter davor schon Sorgen darüber gemacht, dass der Garten vom Vormieter womöglich kahl überlassen werden würde, und von Southampton aus versucht, ihn für die kommende Saison bepflanzen zu lassen. »Sie hofft, dass Du es nicht versäumen wirst, Mrs Seward um die Bestellung des Gartens zu bitten«, schrieb Jane an Cassandra, die beim Ordnen der Angelegenheiten half, »weil sie befürchtet, dass jene das Haus zu früh räumen und den Garten sich selbst überlassen wird« (30. Januar 1809). Ob Mrs Seward dieser Bitte nachkam oder nicht, Mutter Austen befand den bestehenden Garten für qualitativ nicht ihren Ansprüchen genügend und beauftragte daher im November drei von Edwards Tagelöhnern mit dem Umgraben, dem Lockern des Bodens und wahrscheinlich auch dem Düngen. Mutter Austen, die auf die 70 zuging, übertrug die tägliche Haushaltsführung an Cassandra, machte sich aber noch genug zu schaffen, wie die Tochter ihrer Enkelin Anna später schrieb:

Sie war mit Nadelarbeiten und Gartenarbeit genügend beschäftigt, wobei ihr Letzteres bei Weitem keinen Müßiggang bedeutete, kein bloßes Rosenschneiden oder Blumenbinden. Sie grub ihre eigenen Kartoffeln aus, die sie – da bin ich mir sicher – auch selbst gesteckt hatte, und hatte am Küchengarten nicht weniger Freude als an den Blumenrabatten. Und ich habe Mutter erzählen hören, dass sie beim Arbeiten eine große grüne Kutte trug, wie ein Tagelöhner.

Mutter Austen fand Gefallen am tatkräftigen Gärtnern, am Pflanzen von Kartoffeln, Erbsen, Stachelbeeren, Tomaten und Johannisbeeren, und von Erdbeeren zwischen den Feldfrüchten im Küchengarten. Sie spürte, dass das Arbeiten im Freien ihre Gesundheit stärkte, wie sie einst in einem ihrer humorvollen Verse formulierte: »Mir ist gleich viel wärmer, durchblutet die Backen, beim Gartenumgraben mit Harken und Hacken.« Auch Cassandra fand Spaß am Gärtnern; sie sammelte bei Freunden und Verwandten Blumensamen und Stecklinge für Blumenrabatten und Ziersträucher und säte und pflanzte sie in Chawton – mit wechselndem Erfolg, wie ihr Jane nach Godmersham schrieb: »Einige Blumensamen gehen sehr gut auf, aber Deine Reseda sieht sehr dürftig aus. Miss Benn hat mit ihren das gleiche Pech. Sie hat von vier Leuten Samen bekommen, und keiner geht auf« (31. Mai 1811). Cassandra hatte auch versucht, Maulbeerbäume zu ziehen, aber ohne Erfolg, wie Jane ihr wiederum mitteilte: »Ich würde nicht behaupten, dass Deine Maulbeerbäume tot sind, doch fürchte ich, sehr lebendig sind sie auch nicht mehr« (31. Mai 1811). Wie in Steventon, so hielten die Austens auch in Chawton Bienen im Garten und waren versorgt mit Honig und hausgemachtem Met, »einem überaus erfrischenden und belebenden Getränk, das – wenn es richtig bereitet wurde – dem Champagner nur wenig unterlegen ist«, wie in der *Enzyklopädie des Gärtners* (1822) geschrieben stand. Met war im Hause Austen ein Grundnahrungsmittel. »Ich würde gern etwas über den Met erfahren«, schrieb Jane an Cassandra (6. März 1814), und ein anderes Mal: »Wir haben gehört, es soll in diesem Jahr keinen Honig geben. Eine schlechte Nachricht. Wir müssen mit unserem gegenwärtigen Vorrat an Met haushalten. Bedauerlicherweise sind unsere 20 Gallonen fast aufgebraucht. Ich kann nicht verstehen, wie die 14 Gallonen so lange halten konnten« (9. September 1816).

THE HONEY-BEE.

Of *Mead, and Wines to be made with Honey.*

Mead, or *Hydromel*, is a strong luscious wine, made with honey and water; the goodness and strength of which entirely depends on a due *mixture* and *fermentation*. When properly made, it is stronger than most other wines, and will soon intoxicate. Though it is a liquor at present not in great repute, yet it soon may become so by a little attention in making it. In order to obtain this desireable end, and to make this cheap and wholesome liquor pleasing to the taste, has induced me to attempt several experiments, which have employed my attention for several years. How far my inquiries have succeeded, will be found by the subsequent plain, easy, and simple methods.

GANZ OBEN *Beim Pflücken von Maulbeeren*, von Thomas Rowlandson, undatiert OBEN LINKS Bienenstöcke vor der Chawton House Library
OBEN MITTE *Die Honigbiene*, aus *Die Honigbiene; Ihre Naturkunde, Physiologie und Haltung*, von Edward Bevan, 1827
OBEN RECHTS »Über Met«, aus *Der erfahrene Imker*, von Bryan J'Anson Bromwich, 1783

CHAWTON

GEGENÜBER UND OBEN Ansichten des Chawton Cottage vom Garten aus

Die Austen-Frauen versorgten sich zum großen Teil selbst, sogar mit Hühnern und Puten: »Die Hühner sind alle quicklebendig und könnten auf den Tisch kommen, aber wir wollen sie noch für einen besonderen Anlass aufheben«, berichtete Jane ihrer Schwester (29. Mai 1811). Einiges wurde auch gekauft, wie etwa die Enten, die man von einer nahen Entenzucht bezog. »Bald wird es Erbsen geben; gegen Ende nächster Woche werden sie zusammen mit zwei Enten aus Wood Barn und Maria Middleton hier eintreffen« (31. Mai 1811). Und eine Woche später konnte sie berichten: »Am Sonntag begannen wir mit den Erbsen … Gestern erlebte ich eine freudige Überraschung: Ich entdeckte mehrere recht reife, rote Erdbeeren; wärst Du zu Hause gewesen, hätte ich nicht viel Vergnügen daran gehabt. Es gibt mehr Stachelbeeren und weniger Johannisbeeren, als ich zuerst glaubte. Für unseren Wein müssen wir Johannisbeeren kaufen« (6. Juni 1811). Auch Freunde und Verwandte steuerten Nahrungsmittel bei: Schweinefleisch und Schinken kamen von Janes Bruder James aus Steventon und Wild und Milchprodukte vom Chawton House.

Hinter dem Haus befand sich ein großer Hof mit einem Brunnen und mehreren Nebengebäuden, darunter auch ein Backhaus, eine Stallung für Mutter Austens Esel, ein Verschlag für den Eselskarren, den Edward ihnen zur Nutzung überlassen hatte, und Speicher für Heu und Korn für die Esel. Die Austens hielten auch Hunde. Viel später erinnerte sich ein Dorfbewohner, dass Cassandras Hund – »ein hübscher Hund, er hieß ›Link‹« – den Hausknecht, William Littleworth, in den Jahren nach Janes Tod immer begleitete, wenn dieser zum Chawton House Milch holen ging, und die Milchkanne dann im Maul nach Hause trug. In der Regel beschäftigten die Austens einen Hausknecht, einen jungen Burschen aus dem Dorfe, der für derlei Außenarbeiten zuständig war. Einer war Thomas Carter, und nach diesem kam Browning, der stets treu zu Diensten war. »Browning … scheint noch ohne Fehl. Mutter ist außerordentlich zufrieden. Die Hunde scheinen so glücklich mit ihm wie mit Thomas, die Köchin und Betsey – schätze ich – sehr viel glücklicher« (9. Februar 1813). Vom Hausknecht wurde auch erwartet, am Tisch zu bedienen, wofür Browning noch die Übung fehlte. »Er hatte seine Servierkunst ein

wenig verlernt und ist, wie ich finde, etwas langsam, aber dafür sehr leise, und er lässt sich einiges sagen« (4. Februar 1813). Nach diesem kam William Littleworth (ein Cousin der Littleworths aus Steventon), der von Jane als ein »gutaussehender Bursche, höflich und still und scheinbar ähnlich geeignet«, beschrieben wurde (9. Juli 1816) und der bei den Austens arbeitete, solange sie im Cottage lebten.

Die Inneneinrichtung des Hauses war bescheiden, aber bequem. »Eine schöne große Eingangshalle und zwei Säle – ein Speisezimmer und ein Salon – erstreckten sich über die ganze Länge des Hauses«, schrieb Caroline. Folgte man der schmalen Holztreppe, kam man zu den Schlafzimmern; die Dienerschaft schlief in den Dachzimmern. Ein Keller bot Lagerräume für die Vorräte an hausgemachtem Wein, selbstgebrautem Fichtenbier und Met. Im hinteren Teil des Hauses lagen die Küche und weitere Wirtschaftsräume, die von der Dienerschaft genutzt wurden. Da sich Mutter Austen nun zurückgezogen und auf Garten- und Nadelarbeit beschränkt hatte, führte Cassandra den Haushalt, unterstützt von Martha und gelegentlich auch von Jane, wenn Cassandra nicht in Chawton war. Mrs Bennet in *Stolz und Vorur-*

OBEN Ausschnitt, *Rechtfertigungen fürs Picheln*, von Isaac Cruikshank, 1798
GEGENÜBER Martha Lloyds Haushaltsbuch

teil, die sehr wohl »über ausreichend Hauspersonal« verfügt, wird von Mr Collins beleidigt, der sie fragt, »welche von seinen schönen Cousinen (Mrs Bennets Töchtern) wohl ihre Kunst an diesen ausgezeichneten Speisen bewiesen habe«, und dem sie versichert, »dass ihre Töchter in der Küche gar nichts zu suchen hätten«. Die Austens hatten meist eine Köchin und eine Magd, die sich um die Küche und die meiste Hausarbeit kümmerten, waren aber selbst immer aktiv an der Planung, Vorbereitung und Beaufsichtigung der Essensbereitung und anderer Hausarbeiten beteiligt. Martha Lloyd führte über Jahre hinweg ein Haushaltsbuch, in dem sie Lieblingsrezepte für Speisen und Hausmittel sammelte, die ihr von Freunden und Verwandten zugetragen wurden. Mutter Austen steuerte ein Puddingrezept bei, das – in typischer Mutter-Austen-Manier – in lustigen Reimen geschrieben war: »Die Menge, die man hier erziele, Richtet sich danach, wie viele Mäuler die Familie hat. … Diese Zeilen soll'n sich fügen, Nicht, dass irgendwer könnt' rügen, Dem Pudding fehle Reim und Räson.« Marthas Sammlung enthielt auch ein Rezept für Orangenwein, vermutlich jenes, das Jane von ihrer Freundin Alethea Bigg aus Manydown erbat: »Wir erinnern uns an einen exzellenten Orangenwein in Manydown, gänzlich oder größtenteils aus Pomeranzen hergestellt, und wären Dir zu größtem Dank verpflichtet, wenn Du uns in den nächsten Wochen das Rezept schicktest« (24. Januar 1817). Die Köchin der Austens, die gemeinhin einfach nur »Köchin« genannt wurde (was die Zuordnung zu bestimmten Personen erschwert), verdiente lediglich acht Pfund im Jahr, plus Kost und

GEGENÜBER Mutter Austens Schlafzimmer, jetzt als Familienzimmer der Austens im Chawton Cottage eingerichtet
OBEN LINKS Der Salon im Chawton Cottage
OBEN RECHTS Eingangshalle im Chawton Cottage, dahinter das Esszimmer; über dem Kamin ein Porträt des jungen Edward Austen (später Knight)

CHAWTON

Logis vermutlich; die Magd erhielt zweifellos noch etwas weniger. Das waren zwar Bauerndorf-Löhne, doch zeigen sie auch, dass die Austens lediglich eine einfache, halbwegs vernünftige Küche erwarteten. Besser gestellte Köche wie jene, die für Mrs Bennet oder auch Mrs Grant, die Frau des Pfarrers in *Mansfield Park*, arbeiteten und große, aufwändige Mahlzeiten bereiteten, mögen dafür bis zu 25 Pfund im Jahr gefordert haben. Mrs Grant gibt ihrer Köchin – sehr zum Ärger der geizigen Mrs Norris –

… einen ebenso hohen Lohn, wie man es in Mansfield Park tat, und ließ sich in ihren Wirtschaftsräumen kaum blicken. Mrs Norris konnte nicht mit Gleichmut über solche Betrüblichkeiten oder die Unmenge Butter und Eier sprechen, die regelmäßig im Haus verbraucht wurde. Niemand liebe Überfluss und Gastlichkeit mehr als sie; niemand hasse schäbigen Geiz so sehr. Im Pfarrhaus habe es ihres Erachtens an jeder Art von Labsalen nie gefehlt; zu ihrer Zeit habe es nie einen schlechten Ruf gehabt, aber das jetzt sei eine Art von Wirtschaft, die sie nicht verstehen könne. Eine feine Dame habe in einem ländlichen Pfarrhause nichts zu suchen.

Die Austens und Martha scheinen Hausmannskost wie Hammelbraten, Gans, Schinken, Pudding und Kuchen bevorzugt zu haben, was der Köchin die Arbeit wesentlich erleichtert haben muss, umso mehr, als die Küche klein und schlicht eingerichtet war;

Die Küche im Chawton Cottage um 1940, vor der Restaurierung

nicht wie jene von General Tilney in *Die Abtei von Northanger*, wo »jede moderne Erfindung, welche die Arbeit der Köche erleichterte, in diesen ihren geräumigen Wirkungskreis aufgenommen worden war«. Als der Architekt des Jane Austen House Museum einen modernen Kamin in der ehemaligen Austen-Küche untersuchte (die später als Wohnzimmer genutzt worden war und heute restauriert ist), legte er die originale, gemauerte Kochecke frei, die von hölzernen Sitzbänken flankiert wurde. Über der Mitte der Feuerstelle war noch die alte Eisenstange zum Aufhängen von Kochtöpfen befestigt, und das Mauerwerk darunter war an jener Stelle abgenutzt, wo lange Zeit ein gehämmerter Feuerrost gestanden hatte. Links von der Feuerstelle stand der alte Herd, der benutzt wurde, um delikatere Gerichte über Holzkohle zu kochen. Und plötzlich hat man eine Köchin vor Augen, die sich über dem Feuer zu schaffen macht, Bratenstücke schmort, Puddings kocht und Kuchen bäckt. Allein, der Erfolg selbst einfacher Gerichte hing von ihrer Kochkunst ab. »Mit unserer guten alten Köchin bin ich so zufrieden wie eh und je, und wenn ich mich nicht scheuen würde, sie allzu sehr zu loben, könnte ich sagen, dass sie für uns die ideale Dienerin ist«, schrieb Jane an Cassandra. »Ihre Kochkünste sind zumindest passabel; Kuchen sind ihre einzige Schwäche« (31. Mai 1811). Zwei Jahre später schien die Köchin jedoch an Rheumatismus zu leiden, wie Jane mitfühlend berichtete: »Der armen Köchin macht vermutlich das feuchte Wetter zu schaffen; doch allzu arg am Jammern ist sie noch nicht« (9. Februar 1813). Weitere zwei Jahre später hatten die Austens jedenfalls Glück mit einer neuen. »Ich bin sehr froh, dass die neue Köchin sich so gut macht. Schmackhafte Apfeltorten sind ein nicht unerheblicher Teil unseres häuslichen Glücks« (17. Oktober 1815). Mägde hatten die Austens über die Jahre hinweg einige, darunter Betsy, die mit Browning so gut auskam, und Sally, über die Jane ihrer Nichte Caroline schrieb: »Köchin und Sally scheinen wirklich sehr erfreut von Deinen Grüßen und lassen untertänigsten Dank ausrichten. Sally hat einen neuen roten Mantel bekommen, das macht sie gleich viel glücklicher; ansonsten ist sie unverändert, so anständig und gutmeinend und redselig wie immer« (23. Januar 1817).

Jane und Cassandra teilten sich – wie immer – ein Schlafgemach, wahrscheinlich das erste Schlafzimmer links, gleich oben neben der Treppe, dessen Fenster auf den Hof hinausging. Der Raum mit seinen breiten, blanken Dielen und einer einfachen Feuerstelle ist klein und muss gerade genügend Platz für die zwei Betten und einen oder zwei Stühle geboten haben. Zwei Wandschränke links und rechts neben der Feuerstelle boten etwas Stauraum; im linken sind Einlegeböden für ein Waschbecken und diverse Toilettenartikel vorhanden, die an jene erinnern, die Lady Catherine de Bourgh in *Stolz und Vorurteil* Mr Collins für sein »bescheidenes Häuschen« empfahl. Zweifellos zogen Jane und Cassandra ihr Beisammensein einem geräumigen Zimmer vor, sie mochten die vertraulichen Gespräche am Abend, wenn alles zur Ruhe ging. Als Nichte Anna ihnen ein paar Kapitel ihres ersten Romans schickte, antwortete ihr Jane: »Ich hoffe, es macht Dir nichts aus, wenn Du Deine Lektüre nicht gleich zurückbekommst. Bis jetzt hatten wir noch keine Gelegenheit, es jemandem vorzulesen. Deiner Tante Cassandra las ich jedoch schon daraus vor, abends, in unserem Zimmer, beim Ablegen der Kleider; wir hatten eine Menge Spaß. Besonders mögen wir das erste Kapitel und hegen nur einen ganz leisen Zweifel daran, ob Lady Helena nicht ein bisschen zu albern ist« (28. September 1814). Mutter Austen und Martha Lloyd hatten eigene Schlafzimmer; auch Gästen – wie Freunden und Söhnen des Hauses Austen – standen welche zur Verfügung, »ein Gästezimmer für eine Freundin«, wie Mrs Norris in *Mansfield Park* sagt.

Die meisten Familienbeschäftigungen erfolgten im Esszimmer und im Salon im Erdgeschoss. Jane begann den Tag mit Musik; vor dem Frühstück – »wenn sie den Raum für sich hatte«, erinnerte sich Caroline – übte sie auf dem Tafelklavier im Salon. »Sie spielte sehr schöne Stücke, fand *ich*, und ich mochte es, dabeizustehen und ihr zu lauschen. … Die meisten Stücke spielte sie vom Blatt, von Noten, die sie so fein und säuberlich abgeschrieben hatte, dass sie sich wie Drucke lasen.« Sie mochte nie in Gesellschaft spielen, aber für ihre Familie tat sie es gern, wie sich ihr Neffe James Edward erinnerte. »An den Abenden sang sie manchmal und begleitete sich selbst dazu. Es waren einfache, alte Lieder, deren Texte und Stimmungen – heute längst vergessen – mir noch

OBEN Replik eines Himmelbetts im Schlafgemach von Jane und Cassandra Austen, gefertigt im Stil jener Betten, die sie einst in Steventon in Auftrag gaben
GEGENÜBER Schlafgemach von Jane und Cassandra Austen, Chawton Cottage

GEGENÜBER Esszimmer im Chawton Cottage OBEN LINKS Clementi-Tafelklavier von 1810, ähnlich dem von Jane Austen gespielten, Chawton Cottage OBEN RECHTS Das Clementi-Klavier im Salon des Chawton Cottage

immer im Gedächtnis sind.« Viele dieser Lieder, die sie abgeschrieben hatte, waren ergreifende Balladen, wie »Robin Adair«, ein Stück, das Jane Fairfax in *Emma* spielt, oder »The Soldier's Adieu«, das sie zu »The Sailor's Adieu« umgedichtet hatte, sicher zu Ehren ihrer Seefahrer-Brüder Francis und Charles. Andere Stücke wiederum müssen ihren Humor angesprochen haben, wie die beliebte lustige Bühnenweise »The Joys of the Country«:

Let Bucks and let bloods to praise London agree
Oh the joys of the country my Jewel for me
Where sweet is the flow'r that the May bush adorns
And how charming to gather it but for the thorns …
Oh the mountains and vallies and bushes
The Pigs and the screech owls and Thrushes
Let Bucks and let bloods to praise London agree
Oh the joys of the country my Jewel for me.

Nachdem Jane mit dem Klavierspiel fertig war, machte sie »um neun Uhr das Frühstück, *das war ihr* Anteil an der Hausarbeit«, erinnerte sich Caroline. »Die Vorräte an Tee und Zucker oblagen ihrer Aufsicht – ebenso die an Wein. Um alles andere kümmerte

CHAWTON

sich Tante Cassandra.« Tee und Zucker wurden im Esszimmer-Wandschrank links neben der Feuerstelle verwahrt, erzählte einer der Treuhänder des Jane Austen House Museum. Als das Cottage erworben worden war und man mit der Restaurierung begonnen hatte, konnten die Schlüssel zum Wandschrank nicht gleich gefunden werden. Später konnte man den Wandschrank endlich öffnen; und er enthielt eine Teedose – ein hübsches Erinnerungsstück an den Brauch der Austens, dort ihren eigenen Tee aufzubewahren. Das Frühstück in jenen Tagen war sicher eine leichte

GANZ OBEN Wedgwood-Jasperware-Frühstücksset, um 1790
OBEN Teedose, verziert mit filigranen Papierarbeiten, um 1790–1810

Mahlzeit aus Tee und Toast, Muffins oder Brötchen. Die Köchin würde frühmorgens das Brot schon gebacken und in Scheiben geschnitten haben, und Betsy oder Sally hätten das Feuer entfacht, vermutlich im eisernen Küchenkamin des Esszimmers (im Original erhalten), und den Teekocher mit Brunnenwasser gefüllt. Nun oblag es Jane, den teuren Tee abzumessen und so aufzubrühen, wie man ihn gerne trank; das Brot über dem Feuer auf einer Röstgabel zu toasten, oder über dem Herdgrill, einem Gestell, mit dem das Brot fixiert wurde. Vermutlich nahm man das Frühstück auf einem speziell dafür vorgesehenen Geschirr ein. Martha Lloyd schenkte Mutter Austen einst ein Wedgwood-Frühstücksset, das aber genauso gut für nur eine Person gedacht gewesen sein könnte. Mutter Austen hatte einen empfindlichen Magen und mochte ihren Toast lieber trocken; Jane, Cassandra und Martha aber aßen ihn mit Butter aus dem Chawton House, Honig aus den eigenen Bienenstöcken und hausgemachter Himbeermarmelade. Das Fenster des Esszimmers ging direkt zur geschäftigen Straße hinaus, wodurch das Innere des Zimmers von den Passanten gut einsehbar war, wie Edwards Adoptivmutter, die freundliche Mrs Knight, Mutter Austen kurz nach deren Einzug ins Cottage mitteilte. »Von einem Gentleman, der vor zehn Tagen mit der Postkutsche am Hause vorbeifuhr, hörte ich, dass die Chawton-Gesellschaft sehr gemütlich beim Frühstück gesessen haben soll. Deine Vorstellung der gesamten Familie bereitet mir das aufrichtigste Vergnügen, und ich bitte Dich, ihnen allen zu versichern, wie sehr ich an ihrem Glück interessiert bin.« Mutter Austen schien die fehlende Privatsphäre nicht sonderlich zu stören, sagte Caroline:

Meine Großmutter saß am Morgen oft eine Stunde lang dort, manchmal zwei, nähte etwas oder schrieb – und freute sich an dem sonnigen Plätzchen und dem geschäftigen Treiben davor. Ich glaube, die unmittelbare Nähe der Straße machte ihr ebenso wenig zu schaffen wie ihren Enkeln. Collyers Kutsche mit den sechs Pferden, die täglich hier vorbeifuhr, war doch sehenswert! Und für die Kinder gab es nichts Herrlicheres als die Unterbrechung der grässlichen Stille nachts durch den Krach der regelmäßig vorbeiratternden Kutschen, die manches Mal sogar die Betten beben ließen.

Auch Jane hatte Spaß an diesen Aussichten, vor allem an jenen auf den Strom junger Burschen, die zum College in Winchester zogen und von dort wieder zurück, wie sie James schrieb: »Gestern Morgen sahen wir eine endlose Kolonne von Kutschen voller Knaben vorbeiziehen, voller zukünftiger Helden, Gesetzgeber, Narren und Schurken« (9. Juli 1816).

»Ich glaube nicht, dass Tante Jane eine bestimmte Methode hatte, sich ihren Tag minutiös einzuteilen«, schrieb Caroline, »meine aber, dass sie meist im Salon saß, bis dann zum Mittagessen Besucher kamen, und dort in erster Linie arbeitete. Sie liebte die Arbeit! Und sie war eine Meisterin im Platt- und im Schnurstich.« Diese Art »Arbeit« – die Nadelarbeit, ob dekorativ oder nützlich – war eine Dauerbeschäftigung der Frauen zu Austens Zeiten. Jane und Cassandra stellten einige Kleidungsstücke selbst her, oft änderten sie sie auch nur ab und wechselten den Besatz von Kleidern und Hauben, indem sie Schleifen und Rüschen ergänzten oder entfernten, wie es der Mode jeweils entsprach. Jane nähte viel für den Hausgebrauch, besserte die Kleidung der Armen aus oder nähte Hemden für Edward, wenn sie in Godmersham war, wie Fanny Price für ihren Bruder Sam in *Mansfield Park*. Sie fertigte Stickereien an und beschenkte Freunde und Verwandte oft mit ihren Arbeiten, von denen einige noch erhalten sind. Mutter Austen fand besonderes Entzücken an der Handarbeit, nähte Puppenkleider für ihre Enkelinnen, strickte Handschuhe und Strumpfhalter als Geschenke für etliche Verwandte und nähte »Petticoats, Taschen, Morgenmäntel« und auch Schuhe für die Aussteuer von Enkelin Anna. Auch Steppdecken wurden von ihr gefertigt, die heute im Cottage zu sehen sind und bei denen ihr die Töchter halfen. Jane erinnerte Cassandra einst daran, nach geeignetem Material Ausschau zu halten: »Hast Du daran gedacht, Patchworkflicken zu sammeln? Wir kommen zurzeit nicht weiter« (31. Mai 1811).

Jane muss zwangsläufig viel Zeit mit dem Schreiben verbracht haben. Caroline erinnert sich, dass »ihr Schreibtisch geradezu im Salon lebte. Oft sah ich sie dort Briefe schreiben, und ich glaube, dass so auch ein Großteil ihrer Romane entstanden ist. Sie saß im Kreise ihrer Familie, überließ diese aber weitgehend sich selbst.« Dem stimmte auch James Edward zu, als er sich an die Besuche

im Cottage erinnerte: »Es muss viele Stunden kostbarster Ruhe gegeben haben, in denen der Stift über das Papier auf dem kleinen Mahagoni-Schreibpult flog und Fanny Price, Emma Woodhouse oder Anne Elliot in Schönheit und Geltung hineinwachsen ließ. Und ich hege keinen Zweifel daran, dass ich und auch meine Schwestern und Cousinen – bei unseren Besuchen in Chawton – diesen geheimnisvollen Prozess regelmäßig störten, ohne die geringste Ahnung vom Schaden zu haben, den wir damit anrichteten. Wie hätten wir diese auch haben sollen, zeigte doch die Autorin

OBEN Patchworkdecke im englischen Medaillonmuster, gefertigt von Mutter Austen, Jane und Cassandra nie die geringsten Anzeichen von Ungeduld oder Gereiztheit.« Heute ist das bedeutendste Möbelstück, das mit Jane Austen in Verbindung gebracht wird, im Esszimmer des Chawton Cottage zu sehen: der runde Dreifußtisch, auf den sie ihr kleines, mit Messingintarsien verziertes Mahagoni-Schreibpult legte und jene Romane schrieb, die auch heute nichts von ihrer Lebendigkeit verloren haben. »Der größte Teil ihres Werkes muss im gemeinsamen Salon entstanden sein, in dem sie ständigen Störungen ausgesetzt war«, schrieb James Edward, »denn sie hatte kein eigenes Arbeitszimmer, in das sie sich hätte zurückziehen können.« Dennoch schaffte es Jane, ihre Arbeiten geheim zu halten und nur den engsten Familienmitgliedern anzuvertrauen. »Sie schrieb auf kleine Papierbögen, die man schnell verschwinden lassen oder mit einem Löschblatt bedecken konnte. Zwischen der Eingangstür und den Wirtschaftsräumen gab es eine Schwingtür, die beim Öffnen knarrte. Als man das Knarren beheben wollte, erhob Jane Einspruch, weil ihr das Knarren ankündigte, wenn jemand hereinkam.« Später wurde ihr Tisch dem treuen William Littleworth zur Einrichtung seines Hauses auf der anderen Straßenseite gegeben. Die Nachkommen Edward Austen Knights erwarben ihn viele Jahre später zurück, und so steht er heute an seinem rechtmäßigen Ort im Cottage.

Doch die Besuche ihrer Nichten und Neffen scheinen sie keineswegs gestört zu haben, im Gegenteil: Sie schien es genossen zu haben, eine geliebte Tante gewesen zu sein. »Ich habe die Bedeutung von Tanten immer nach Kräften unterstrichen«, schrieb sie Caroline, als jene Tante wurde. »Sie hat sich nicht als überaus schlau hervorgetan, erst recht nicht als berühmt; was wir an ihr schätzten, war, dass sie immer freundlich, mitfühlend und heiter war«, sagte James Edward über sie; und Caroline stimmte zu: »Ich war oft in Chawton … und Tante Jane war so bezaubernd! Ihre liebe Freundlichkeit zu Kindern war überaus anmutig. Sie schien einen zu lieben, und dafür liebte man sie. Sie konnte *alles* tun, um ein Kind zu unterhalten.« Sie spielte Spiele mit ihnen: Gesellschaftsspiele, Kartenspiele, Mikado und Bilboquet (Ring und Pin), das sie sehr gut beherrschte. Sie spielte Verkleiden und Verstecken mit Caroline, Mary Jane und Cassy; wenn sie zu Besuch kamen, ließ sie die Mädchen Kleider aus ihrem Schrank aussuchen und der »unterhaltsame Gast in unserem Gauklerhaus« sein. Sie erzählte ihnen »die wundervollsten Geschichten – meist aus dem Feenland, wobei die Feen alle waren wie sie selbst. Die Märchen waren im Stegreif erfunden, dessen bin ich sicher, und wurden manchmal über zwei oder drei Tage fortgesetzt, wenn sich die Gelegenheit bot.« Wenn ihre Nichten und Neffen fort waren, schrieb sie ihnen herzliche, humorvolle Briefe, manchmal auch verschlüsselt. Sie ging auf all ihre Bedenken ein, von Carolines fortgelaufenem Hund – »Denke jetzt nur daran, dass Dein verlorener Dormouse wieder herzukommt! – Ich war ziemlich überrascht« – bis hin zu den Jugendlieben von Anna und Fanny: »Und nun, meine liebste Fanny, nachdem ich so viel zu der einen Seite der Angelegenheit geschrieben habe, muss ich umgekehrt argumentieren und Dich inständig bitten, Dich nicht weiter zu verstricken und nicht daran zu denken, seine Hand anzunehmen, wenn Du ihn nicht von Herzen liebst« (23. Januar 1817 & 18. November 1814).

Als die Nichten und Neffen älter waren, durften manche von ihnen auch mehrere Wochen mit der Großmutter und den Tanten verbringen. Wie immer schon bei Austens, war das laute Vorlesen ein wertvoller Teil der Unterhaltung, und die jungen Gäste des Hauses fanden es besonders amüsant, wenn Tante Jane dabei war. Caroline sagte, dass Jane »dafür bekannt war, außergewöhnlich

LINKS Jane Austens klappbares Schreibpult
GEGENÜBER Der kleine Tisch, an dem Jane Austen ihre Romane im Chawton Cottage schrieb und redigierte

gut vorzulesen. … *Einmal sah ich sie einen Band von Evelina aufschlagen und ein paar Seiten über Mr Smith und die Brangtons lesen, und ich dachte, das ist wie ein Theaterstück!*« Anna erinnerte sich an den Spaß, den sie beim Lesen mit ihren Tanten hatte:

Es war das reinste Vergnügen bei einem meiner Sommerbesuche in Chawton, Romane aus einer Leihbibliothek in Alton zu beschaffen und die Geschichten dann nach einer flüchtigen Lektüre Tante Jane vorzutragen. Es war wohl auch ihr Vergnügen; sie saß etwas entfernt und stickte fleißig an einem Wohltätigkeitswerk, bei dem ich ihr – das sah ich schnell – keine Hilfe sein konnte. Doch so hatten wir beide großen Spaß, und einer Absurdität folgte die nächste, bis Tante Cassandra – unter Lachkrämpfen – ausrief: »Wie könnt ihr beide nur so albern sein?«, und uns bat, damit aufzuhören.

Die Austen-Frauen lasen nicht nur unterhaltsame Romane, sondern hielten sich auch mit Nachrichten und Sachtexten auf dem Laufenden, indem sie, zumindest für einige Jahre, die sie im Cottage verbrachten, der örtlichen Buchgesellschaft, der Alton Book Society, beitraten. Diese Gesellschaft hatte ihren Sitz im Geschäft eines Druckers und Schreibwarenhändlers (heute High Street Nr. 30) in Alton und bot ihren Mitgliedern eine Art zirkulierende Bibliothek gegen eine Beitrittsgebühr von einem Pfund und fünf Schilling. Jedes Mitglied durfte sich eine bestimmte Anzahl von Büchern leihen, die »geeignet erschienen«. Romane waren nicht erlaubt, so waren die meisten Bücher von »lehrender« Natur, wobei das Angebot von Geschichte und Biografien bis hin zu Reiseführern und Moralpredigten reichte. Aber es gab auch eine gute Auswahl an Zeitschriften. Jane schrieb Cassandra von den Büchern, die sie und ihre Mutter gerade lasen:

Wir sind reich gesegnet mit neuen Büchern. Sie hat Sir John Carrs Reisen durch Spanien von Miss Benn geliehen bekommen, und ich lese einen Band der Chawton-Lesegesellschaft, eine Abhandlung über die Militärpolitik und die Institutionen des Britischen Weltreichs von Captain Pasley von den Pionieren. Zuerst habe ich gegen das Buch protestiert, finde aber, seit ich mit der Lektüre begonnen habe, dass es wunderbar geschrieben und sehr unterhaltsam ist. Ich bin in den Autor mindestens so verliebt, wie ich es einst in Clarkson oder Buchanan war oder gar in die beiden Mr Smith aus London – der erste Soldat, um dessentwillen ich geseufzt habe –, aber er schreibt wirklich besonders ausdrucksstark und geistreich.
JANUAR 1813

Doch nicht jedes Mitglied der Gesellschaft las die Bücher auch, wie Jane spitz bemerkte. »Ich habe *Mrs Grant (Mrs Grants Briefe)* schon den zweiten halben Monat an Mrs Digweed verliehen; nun, für sie wird es keinen Unterschied machen, in welchen der 24 halben Monate im Jahr die drei Bände in ihrem Haus herumliegen« (9. Februar 1813). Manchmal kam auch spannendere Lektüre ins Haus, etwa wenn Janes Bücher frisch aus dem Druck kamen. Als *Stolz und Vorurteil* eintraf, war Miss Benn, eine arme Nachbarin mittleren Alters, gerade zu Gast zum Tee und zum Essen. Sie lasen ihr daraus vor, ohne ihr zu verraten, wer es geschrieben hatte, schrieb Jane an Cassandra:

Ich möchte Dir erzählen, dass ich mein geliebtes Herzenskind aus London erhalten habe. … Miss Benn war genau an dem Tag zum Essen hier, an dem die Bücher eintrafen, und abends saßen wir noch recht ausdauernd zusammen und lasen ihr die erste Hälfte des ersten Bandes vor. … Ich glaube, sie hat nichts gemerkt. … Aber amüsiert hat sie sich, die Arme! Das konnte ja auch nicht ausbleiben bei zwei solchen Vorlesern, die sie führten, und Elizabeth scheint sie nun wirklich zu bewundern. Ich muss gestehen, dass ich diese für eine der liebenswertesten Gestalten halte, die je im Druck erschienen sind, und wie ich Leute ertragen soll, die nicht wenigstens sie mögen, weiß ich nicht.
29. JANUAR 1813

Die Austens beschränkten ihre Geselligkeit – meistenteils – auf solch ruhige Anlässe, berichtete Caroline. Nachdem man den Morgen über gesessen und gearbeitet hatte, gingen Jane und Cassandra meist spazieren: »Manchmal gingen sie nach Alton zum Einkauf, und oft – wenn ihr Bruder dort weilte – ging die eine oder andere zu Besuch zum Großen Haus, wie es damals genannt wurde. Wenn das Haus leer stand, erging man sich in den Anlagen, manchmal im Chawton Park, einem edlen Buchenhain in fußläufiger Entfernung. Seltener besuchte man einen Nachbarn. Eine Kutsche hatten sie nicht, so blieben Besuche auf den Umkreis beschränkt. Sie pflegten *freundliche*, doch eher *kühle* Beziehungen zu allen.« Zu denjenigen Nachbarn, die Jane gern besuchte, gehörten die Prowtings. Jane kletterte oft über den Zaun am Ende des Austen-Gartens und lief übers Feld hinüber zum Grundstück ihrer Freundinnen, der drei Miss Prowting. Gelegentlich sah sich Jane verpflichtet, an einer ihrer Gesellschaften teilzunehmen:

Die Gesellschaft am Mittwoch (im Hause des Pfarrers Papillon) war nicht schlecht, obwohl wir uns, wie gewöhnlich, einen Hausherrn gewünscht hätten, der weniger ängstlich und nervös und dafür geselliger gewesen wäre. … Wir waren insgesamt elf. … Sobald man sich anschickte, Whist zu spielen, und sich eine Tischrunde zu bilden drohte, nahm ich meine Mutter als Vorwand und ging heim. Es blieben gerade so viele Personen übrig, wie auch um den runden Tisch von Mrs Grant (in Mansfield Park) saßen. Hoffentlich amüsierten sie sich auch so gut. Ich kam erst nach zehn Uhr zu Hause an, und so habe ich mich meines pflichtbewussten Feingefühls auch nicht geschämt.
24. JANUAR 1813

Mr Papillon war der Junggesellen-Pfarrer von Chawton, der bei den Austens zum Running Gag wurde, nachdem ihn Mrs Knight als Partie für Jane vorgeschlagen hatte. »Ich bin Mrs Knight überaus dankbar für solch ausgewiesenes Interesse. Vielleicht ist sie ja darauf angewiesen, dass ich wirklich Mr Papillon heirate; was immer ihn auch davon abhält oder mich – ich schulde ihr sehr viel mehr als solch ein unbedeutendes Opfer« (9. Dezember 1808). Die Austens gingen regelmäßig zu den Sonntagsgottesdiensten des Pfarrers Papillon in die Kirche St. Nicholas, zu der ein Weg gleich neben dem Chawton House hinaufführte. Jane Austen würde am heutigen Gebäude nur den Chor wiedererkennen, der Rest wurde bei einem Brand 1871 schwer zerstört. Zwei der Kinder von Francis und Mary Austen wurden in dieser Kirche getauft. Henry Austen wurde 1817 Vikar von Chawton, im selben Jahr, als Jane

Austen starb. Henry wurde ordiniert, nachdem er am Bankenkrach gescheitert war (siehe London). Jane bewunderte seine Predigten und meinte scherzend: »Die Predigten, die Onkel Henry schreibt, sind ganz hervorragend. Wir sollten beide versuchen, in den Besitz der einen oder anderen zu gelangen, um sie in unsere Romane einzubauen. … wir könnten unsere Heldin die Predigten an einem Sonntagabend laut vorlesen lassen …« (16. Dezember 1816).

GANZ OBEN Haus der Prowtings, Chawton, unbekannter Künstler, undatiert
OBEN Kirche St. Nicholas und die Chawton House Library, Chawton

CHAWTON

Janes Tage im Cottage gingen ihrem Ende entgegen, als sich ihre Gesundheit Anfang 1816 arg verschlechterte. »Ich glaube, Tante Jane verließen die Kräfte schon, bevor wir wussten, dass sie sehr krank war«, schrieb Caroline und erinnerte sich daran, dass sich Jane »nach dem Essen oft hinlegte«. Mutter Austen, zu jener Zeit schon Ende 70, nutzte das einzige Sofa im Salon, wenn sie müde war:

Tante Jane lag quer auf drei Stühlen, wenn sie sich ausruhte; ich glaube, sie hatte auch ein Kissen, aber es sah nie bequem aus. Sie nannte es ihr Sofa, und selbst, wenn das andere nicht belegt war, nutzte sie es nicht. ... Ich nötigte sie dazu, mir den Grund dafür zu nennen, und sie antwortete: Wenn sie das Sofa benutzte, würde Großmutter es ihr überlassen und sich nicht mehr zur Ruhe legen, wie sie es jetzt immer tat, wann ihr danach war.

Was sie für eine Krankheit hatte, ist nicht bekannt; man vermutete allerlei verschiedene, darunter Morbus Hodgkin, Krebs, wiederkehrendes Fleckfieber, Tuberkulose und sogar eine Arsenvergiftung. Die verbreitetste Annahme – anhand der Symptome – ist, dass sie an der Addison-Krankheit litt, einer Nebennierenrindeninsuffizienz, die zu jener Zeit tödlich verlief. Diese Krankheit wurde durch Stress oft schlimmer, und tatsächlich schwankten ihre Klagen über Rückenschmerzen und extreme Schwäche über einige Monate beträchtlich. Sie wurden immer dann schlimmer, wenn sie unter emotionalem Stress litt oder von erschütternden Meldungen wie etwa Henrys Bankenpleite erfuhr, um sich hernach wieder allmählich zu bessern, wie sie Cassandra gegenüber gestand:

Danke der Nachfrage, mein Rücken hat mir seit vielen Tagen keine Beschwerden bereitet. Ich habe eine Ahnung, dass ihm Aufregung ebenso schadet wie Anstrengung und dass mich der bloße Umstand Deiner Abreise krank gemacht hat. Im Augenblick schone ich mich, um in möglichst gutem Zustand zu sein, wenn Dr. White mich aufsucht, was er, wie ich höre, zu tun gedenkt, bevor er das Land verlasst.
8. SEPTEMBER 1816

Ungeachtet ihrer Erschöpfung schrieb Jane weiterhin heitere Briefe an Verwandte und Freunde, und sie begann am 27. Januar 1817 mit der Arbeit an einem neuen Roman, ihrem letzten. Noch konnte sie über sich und ihre Situation lachen: In *Sanditon* versetzt sie ihre Heldin in ein Heilbad am Meer, mitten unter ein Trio skurriler Hypochonder. An Fanny schrieb sie am 20. Februar: »Mein Rheumatismus ist nahezu völlig kuriert. Hin und wieder habe ich noch ein wenig Schmerzen im Knie, damit ich nicht vergesse, wie

LINKS Von Jane Austens Schlafzimmerfenster sah man auf den Hof von Chawton Cottage hinaus
GEGENÜBER Der obere Treppenabsatz im Chawton Cottage

AUF DEN SPUREN VON JANE AUSTEN

es war, und mich weiterhin in Flanell hülle. Tante Cassandra hat mich so wundervoll gepflegt!« Doch bald schon ging es wieder schlechter; im März erlitt sie einen Fieberanfall, der von einer Gesichtsverfärbung begleitet wurde. Am 18. März schrieb sie den letzten Satz ihres Romans *Sanditon*. Noch gab es Zeiten, in denen sie sich etwas wohler fühlte und sogar wagte, eine leichte Übung wie einen Eselsausritt zu unternehmen, wie sie Caroline am 26. März erzählte: »Ich bin auf einem Esel geritten und habe es sehr genossen; – Du musst unbedingt versuchen, mir ein paar ruhige, milde Tage zu verschaffen, damit ich wieder regelmäßiger an die Luft gehen kann. Starker Wind ist nichts für mich, ich neige immer noch zu Rheumatismus. Kurz: derzeit bin ich ein Häufchen Elend. Aber es wird mir besser gehen, wenn Du uns besuchen kommst.« Anna, die nun verheiratet war, und Caroline kamen Anfang April zu Besuch:

Sie (Jane) blieb auf ihrem Zimmer, sagte aber, sie würde uns empfangen, und so gingen wir nach oben zu ihr. Sie war im Morgenrock und saß sehr gebrechlich in einem Lehnstuhl. Dennoch stand sie auf, begrüßte uns freundlich und wies dann auf zwei Plätze, die man am Kamin für uns eingerichtet hätte, wie sie sagte. »Der Sessel ist für die verheiratete Dame, und der kleine Stuhl ist für dich, Caroline.« Es ist seltsam, aber diese unbedeutenden Worte von ihr sind die letzten, an die ich mich erinnere. Sie war den Anstrengungen einer Unterhaltung mit uns nicht gewachsen, und so war unser Besuch im Krankenzimmer nur von sehr kurzer Dauer. Tante Cassandra führte uns bald wieder hinaus – ich glaube, wir waren keine Viertelstunde bei ihr; und ich sah Tante Jane auch nie wieder.

Ab Mitte April war Jane für einige Wochen ans Bett gefesselt. Mr Curtis, der Apotheker von Alton, war mit ihrem Zustand überfordert und rief Mr Lyford herzu, einen Arzt aus Winchester. Jane war so beunruhigt, dass sie am 27. April ihr Testament machte. Doch Mr Lyfords Behandlungen brachten ihr ein wenig Linderung. Ihrer lieben Freundin Anne Sharpe, einer früheren Gouvernante aus Godmersham, schrieb sie am 22. Mai: »Ich werde für ein paar Wochen nach Winchester fahren … und sehen, was Mr Lyford noch tun kann, um mich wieder in einen erträglich gesunden Zustand zu versetzen … Meine liebste Cassandra kommt mit mir, das brauche ich sicher nicht zu sagen. … Und da erst zwei Tage vergangen sind, wirst Du es mir glauben: Ich bin jetzt tatsächlich eine sehr manierliche, transportable Sorte von Pflegefall.«

Am 24. Mai fuhren Jane und Cassandra die 16 Meilen nach Winchester. Es war Jane Austens letzte Reise, in der Kutsche von James und Mary Austen, und in Begleitung von Henry Austen und Edwards Sohn William.

Der Hafen von London, von Thomas Luny, 1798

LONDON

*Ich halte es für sehr richtig, dass Ihr einmal nach London kommt;
ich wäre unbedingt dafür, dass jede junge Frau Eures Standes mit der Londoner
Lebensart und den dortigen Vergnügungen bekannt wird.*

MRS DASHWOOD IN *VERSTAND UND GEFÜHL*

Jane Austen war 1788 das erste Mal zu Besuch in London, im zarten Alter von zwölf Jahren. Jane, ihre Eltern und die fünfzehnjährige Cassandra hatten Großonkel Francis Austen in Kent besucht und auf der Rückreise nach Hampshire für eine Tagesrast in London gehalten. Sie aßen mit Vater Austens Schwester, Mrs Hancock, und ihrer Tochter Eliza de Feuillide, übernachteten vermutlich aber in einem Hotel. Vielleicht hatten sie Zeit genug, um den Mädchen etwas von der Großstadt zu zeigen, von den »so vielfältigen und angenehmen Vergnügungen in London«, wie sie Jane in *Lesley Castle*, einer ihrer frühen Geschichten, bezeichnet. In den Jugendwerken, die sie um diese Zeit zu schreiben begann, sehnen sich viele ihrer Figuren danach, nach London zu gehen. In einer späteren Geschichte, *Catherine*, betrachtet Catherines (Kittys) Tante und Vormund »London als Brutstätte der Laster, wo die Tugenden lange schon aus der Gesellschaft verbannt worden waren und Verruchtheiten aller Couleur täglich an Boden gewannen«, und verbietet Kitty, dorthin zu fahren. »Kitty … ist die letzte junge Dame auf der Welt, der man in London trauen könne; sie wäre einfach unfähig, Versuchungen zu widerstehen.« Als Jane und ihre Brüder Edward und Francis 1796 abermals London besuchten, wieder auf dem Weg nach Kent, schrieb Jane an Cassandra – wohl wissend, diese würde den Scherz verstehen: »Hier bin ich wieder einmal, an diesem Schauplatz des Lotterlebens und Lasters, und spüre bereits, wie meine Moral verdirbt.«

Jane, zu diesem Zeitpunkt 20 Jahre alt, und Edward und Francis – 28 und 22 – genossen die Londoner Vergnügungen, die bei jungen Leuten hoch im Kurs standen. »Wir gehen heute Abend zu Astley's, worüber ich ungemein froh bin«, schrieb sie am 23. August. In Astley's Amphitheater in der Nähe der Westminster Bridge wurden wagemutige Reiterspiele und große Spektakel gezeigt, die vor allem der Unterhaltung der jungen Leute dienten. Sie fanden Eingang in den Roman *Emma*, in dem sich John Knightleys Söhne, Harriet Smith und Robert Martin »alle aufs Köstlichste amüsieren«. Die jungen Austens logierten in der Cork Street, vermutlich in einem Hotel, oder bei Benjamin Langlois, einem Onkel der benachbarten Lefroys.

Bei ihren nächsten London-Besuchen kam Jane im Hause ihres Bruder Henry unter, der sich als Banker und Heeresvertreter 1801 in London niedergelassen hatte. 1797 hatte er seine verwitwete Cousine Eliza de Feuillide geheiratet; nun lebte das Paar in verschiedenen modernen Londoner Häusern, von denen eines noch heute steht: Henrys erstes Haus in der Upper Berkeley Street Nr. 24, das heute ein Hotel beherbergt. Obgleich man von Cassandra weiß, dass sie Henry und Eliza 1801 besuchte, ist nichts über etwaige Besuche Janes bekannt – jedenfalls nicht bis Mitte Mai 1808; zu jener Zeit lebten Henry und seine Frau in Michael's Place Nr. 16 (heute neu erschlossen), in der westlich von London gelegenen Vorstadtgemeinde Brompton. Jane blieb einen Monat

OBEN Ausschnitt, *Die Arena von Astley's Amphitheater, Surrey Road*, 1815
GEGENÜBER Das Gebiet um Hans Place und Sloane Street, aus *Stadtpläne von London und Westminster, dem Viertel Southwark und angrenzenden Gebieten*, von Richard Horwood, 1795

lang bei ihnen, sah sich die Sehenswürdigkeiten an und auch »die Damen, die für den Geburtstag Georges III. am 4. Juni zu Hofe gingen«. Die Austens zogen – wie der Großteil der Londoner Gentry – in die nordwestlichen und westlichen Viertel der Stadt. Der Wind blies meist gen Osten über London, sodass die eleganten Terrassen und Plätze vom Ruß und den Dämpfen der Stadt weitgehend verschont blieben. Die Wohngegend der Austens war noch nicht so alt; die meisten Häuser waren umgeben von Feldern und Höfen. Der Stadtteil war berühmt für seine Baumschulen, Blumenfelder und Wirtschaftsgärten, die die großen Märkte

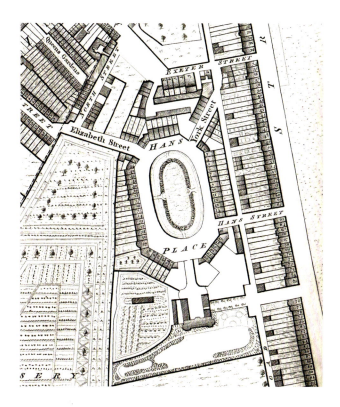

der Stadt versorgten. In *Spaziergänge durch London* (1817) stand, dass es hier aussah »wie in einem weitläufigen Garten, mit ausgedehnten, vielgestaltigen Baumschulen, und die Straßenränder wurden durch Rasenstreifen und die vornehmsten Residenzen belebt. Alles in allem ein höchst erfreuliches Bild der Leichtigkeit und des Glücks.« Jane hat sich während ihrer Aufenthalte hier sicherlich Notizen über die eleganten Adressen Londons gemacht und sie dann den Personen ihrer Romane zugewiesen. Reichere Figuren wie die Bingleys in *Stolz und Vorurteil*, die Rushworths in *Mansfield Park* und die Dashwoods, Palmers und Mrs Jennings in *Verstand und Gefühl* lebten im Westen und Nordwesten der Stadt. Elizabeth Bennets Onkel und Tante Gardiner aber leben »in Sichtweite seines Warenlagers« im industriellen Londoner Osten und damit in einer deutlich weniger schicken Gegend. Unwahrscheinlich daher, dass Mr Bingley dorthin zu Besuch kommt, wie Elizabeth weiß: »Mr Darcy erlaubt ihm (Mr Bingley) bestimmt nicht, Jane in solch einem Teil von London aufzusuchen! Wie kannst Du Dir nur so etwas einbilden, liebste Tante? Mr Darcy kennt Eure Straße vielleicht vom *Hörensagen*, aber es wird ihm auch nicht im Traum einfallen, sie zu betreten; er würde sich hinterher selbst nach monatelangem Waschen noch schmutzig fühlen.«

Von 1811 an reiste Jane regelmäßig nach London, um sich um die geschäftlichen Dinge rund um die Veröffentlichung ihrer Romane zu kümmern und bei Henry zu wohnen, der ihr bei Vertragsverhandlungen zur Seite stand. Henry und Eliza, die durch Henrys prosperierende Geschäfte zunehmend reicher wurden, zogen 1809 in die Sloane Street Nr. 64, ein elegantes Gebäude in der Nähe des Hans Place. Um Haus und Bewohner kümmerten sich Elizas französische Dienerinnen, Madame Bigeon, die Haushälterin, und ihre Tochter, Madame Perigord. Henry und Eliza ließen Jane auch an ihrem gesellschaftlichen Leben teilhaben, was Jane größtenteils genossen zu haben scheint, vor allem die kleineren Treffen mit ausgesuchten Freunden. »Gestern war ich wieder bei Tilsons zum Tee und traf dort die Smiths«, schrieb sie Cassandra. »All diese kleinen Gesellschaften machen mir viel Vergnügen« (18. April 1811). Henry und Eliza Austen veranstalteten auch eine große musikalische Soiree mit professionellen Musikern, darunter einem Harfenisten und drei Glee-Sängern. Der Abend verlief ähnlich jener Szene in *Verstand und Gefühl*, in der Elinor und Marianne Dashwood einer musikalischen Gesellschaft beiwohnen, »die – wie auch andere Musikabende – eine ganze Menge Leute (umfasste), die wirklich Verständnis für das Dargebotene hatten, und noch eine ganze Menge mehr, die überhaupt keins hatten, und die Darbietenden selbst waren, wie üblich, nach ihrer eigenen Ansicht und der ihrer besten Freunde die ersten Hausmusiker Englands«. Janes Abend war ein gelungener, wie sie Cassandra schrieb:

Unsere Gesellschaft war ein richtiger Erfolg. Natürlich gab es vorher viele Ratschläge, Warnungen und Ärgernisse, aber am Ende war alles so, wie es sein sollte. Die Räume waren mit Blumen geschmückt und sahen sehr hübsch aus. … Um halb acht kamen die Musikanten in zwei Droschken, und um acht Uhr begannen die ehrwürdigen Herrschaften einzutreffen. … Da es im Salon bald heißer wurde, als uns lieb war, setzten wir uns in den angrenzenden Korridor, in dem es vergleichsweise kühl war und der uns die Vorteile bot, die Musik aus angenehmer Entfernung zu hören und jeden neuen Gast zuerst zu sehen. Ich war umringt von guten Bekannten, insbesondere von Herren. ... Alle zusammen waren wir 66 Personen, also beträchtlich mehr, als Eliza erwartet hatte, und genug, um den hinteren Salon zu füllen, während ein paar sich im vorderen Salon und im Korridor verstreut hatten. Die Musik war sehr gut. ... Alle Künstler erfüllten ihre Aufgabe zu voller Zufriedenheit, indem sie taten, wofür sie bezahlt wurden, und sich nicht in den Vordergrund drängten. ... Die letzten Gäste gingen erst nach Mitternacht.

25. APRIL 1811

Ihr nächster Brief an Cassandra enthielt ausführlichere Schilderungen, darunter auch ihre unverhohlene Freude darüber, von einem Freund der Gesellschaft gelobt worden zu sein. »Im Haar trug ich ein Band mit Stiftperlen wie das am Saum vom Kleid und eine Blume aus Mrs Tilsons Laden. Ich verließ mich darauf, irgendwann am Abend etwas von Mr Wyndham Knatchbull zu hören, und ich bin überaus zufrieden damit, wie er von mir Notiz nahm. ›Entzückend anzuschauen, die junge Dame!‹ – das muss genügen; – etwas Besseres kann man sich gar nicht vormachen; gut, dass das noch ein paar Jahre vorhält!« (30. April 1811).

Sloane Street Nr. 64 steht noch heute, wurde aber um eine viktorianische Fassade und ein weiteres Stockwerk ergänzt. Sieht man an der Rückfront des Hauses hoch, kann man die Form des achteckig geschnittenen hinteren Salons, in welchem die Musiker spielten, noch gut erkennen. Die meisten ihrer Reisen unternahm Jane nach London und nutzte die Gelegenheit, zu schlendern und zu schauen, ins Theater zu gehen und einzukaufen. Bei einem ihrer Besuche bei Henry ging sie ins Liverpool-Museum und in die British Gallery. »Beide ... haben mir durchaus Freude gemacht«, berichtete sie Cassandra, »wiewohl mich meine Vorliebe für das Studium der Menschen stets verführt, mehr auf meine Begleitung zu achten als auf die Kunst« (18. April 1811). Viele Stunden verbrachte sie damit, einzukaufen und Bestellungen abzuarbeiten, wie etwa Tee von Twinings und Geschirr von Wedgwood für die Familie zu besorgen. Sie schien es zu genießen, nach Schnäppchen zu jagen und neue Kleider und Hauben für sich und Cassandra fertigen zu lassen. »Leider muss ich Dir mitteilen, dass ich allmäh-

LINKS *In der Galerie der British Institution*, von John Scarlett Davis, 1829
RECHTS *Neues Theater im Covent Garden*, von John Bluck und Thomas Rowlandson, 1810

OBEN *Markt im Covent Garden*, von Thomas Rowlandson, um 1795–1810

lich ziemlich extravagant werde und mein ganzes Geld verprasse; und was Dich noch härter treffen wird: Deins habe ich gleich mit ausgegeben«, schrieb sie Cassandra. »Mit meinen Einkäufen bin ich höchst zufrieden, mit meinem Besatz aus schwarzen Perlen zu zwei Schilling vier Pence und drei (Paar) Seidenstrümpfen für etwas weniger als zwölf Schilling das Paar. … Miss Burton hat mir ein sehr hübsches Häubchen angefertigt, und jetzt muss ich unbedingt noch einen Strohhut haben, in der Fasson eines Reithuts … Ich bin wirklich unmöglich, aber er wird nur eine Guinee kosten. Unsere Mäntel kosten je 17 Schilling« (18. April 1811).

Trotz all dieser Besorgungen und Vergnügungen in London konzentrierte sie sich auf das Allerwichtigste: ihre Werke. »Nein, ich bin wirklich niemals zu beschäftigt, um nicht an *Verstand und Gefühl* zu denken«, schrieb sie ihrer Schwester, »ich kann es genauso wenig vergessen wie eine Mutter ihren Säugling. … Man gab mir zwei Druckbögen zur Korrektur, aber der letzte führt uns bloß bis zu Willoughbys erstem Auftritt. … Ich habe nicht einmal Hoffnung, dass es noch im Juni erscheint. Henry kümmert sich sehr darum und treibt den Drucker wirklich an; er sagt, er wird auch heute wieder hingehen« (25. April 1811). 1813 wurde Eliza krank, und Jane kam im April nach London zurück, um Eliza bis zu ihrem Tod zu begleiten, der ihrer »langen und entsetzlichen Krankheit« folgte. Im Mai kam sie abermals wieder, um Henry beim Ordnen von Elizas Angelegenheiten zu helfen.

Im Juni zog Witwer Henry in die Henrietta Street Nr. 10, über seine Bankbüros im Covent-Garden-Viertel. Die treuen Mme Bigeon und Mme Perigord zogen aus, kümmerten sich aber weiterhin um ihn. In diesem Haus logierte Jane mit Edward und seiner Familie, als sie alle gemeinsam von Chawton nach Godmersham reisten, und war von Henrys neuer Bleibe sehr angetan. An Cassandra schrieb sie: »Das Haus sieht sehr hübsch aus. Als wäre die Sloane Street hierhergezogen« (15. September 1813).

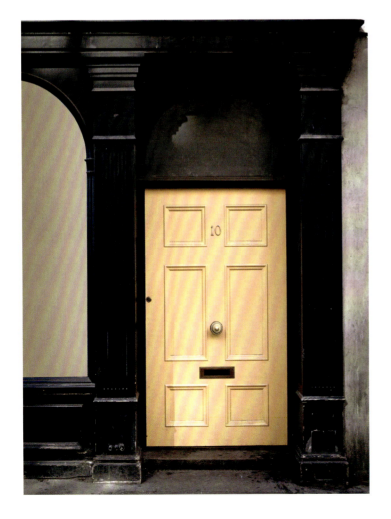

LINKS OBEN Denkmalschutzplakette an der Henrietta Street Nr. 10, einem von Henry Austens Londoner Häusern.
LINKS Tür der Henrietta Street Nr. 10
OBEN Der Eingang zu Twinings in London sieht heute noch fast aus wie damals, als die Austens hier Tee kauften
GEGENÜBER LINKS *Zerren am Augenzahn*, von George Cruikshank, 1821
GEGENÜBER RECHTS *Drury Lane Theatre*, von Thomas Rowlandson, aus *Der Mikrokosmos von London*, 1808

Und an Francis schrieb sie: »Nr. 10 ist nach dem Saubermachen, Malern und Einrichten mit Sloane-Street-Möbeln sehr komfortabel geworden. Der vordere Raum oben gibt ein ausgezeichnetes Ess- und allgemeines Wohnzimmer, der kleinere dahinter wird seinem Zweck als Salon ausreichend gerecht werden. Große Gesellschaften hat er ja nicht vor zu veranstalten« (25. September 1813). Während sie in der Henrietta Street weilten, gaben sich Jane und die anderen der üblichen Wirbeltour um Einkäufe und Theaterbesuche hin, und auch der lästigen Pflicht, mit Edwards Töchtern zum Zahnarzt zu gehen. Der »reinigte und feilte ihre Zähne, füllte mit Gold und sprach in ernstem Ton«, berichtete Jane. »Der armen Marianne mussten gar zwei gezogen werden … wir hörten sogleich zwei kurze spitze Schreie … Nicht für einen Schilling das Stück oder das Doppelte hätte ich ihn an meine Zähne gelassen! Es war eine unerfreuliche Stunde« (16. September 1813). Im März kam Jane abermals zurück, vermutlich um den Druck von *Mansfield Park* zu beaufsichtigen. Ihre Briefe an Cassandra sind voller Einzelheiten ihres geschäftigen Londoner Lebens; wir sehen sie den *Corsair* lesen (Lord Byrons neuestes Werk), einige Male ins Theater gehen, sogar den berühmten Edmund Kean schaute sie sich an in seiner Rolle als Shylock: »Mit Kean waren wir vollauf zufrieden. Eine bessere schauspielerische Leistung kann ich mir nicht vorstellen; aber die Rolle war zu klein, und abgesehen von ihm und Miss Smith, die nicht ganz meinen Erwartungen entsprach, waren die Rollen schlecht besetzt und das Stück zu schwerfällig« (5. März 1814). Ein paar Tage später war sie vom Londoner Tempo dann schon leicht erschöpft; sie schrieb: »Also, wir waren heute Abend doch im Theater, und da wir den größten Teil des Vormittags unterwegs waren, um einzukaufen und die indischen Jongleure zu sehen, bin ich jetzt froh, bis zum Umziehen Ruhe zu haben. Wir essen bei den Tilsons und morgen bei Mr Spencer« (9. März 1814). Henrietta Street Nr. 10 steht noch heute, das Erdgeschoss wurde jedoch zu einem Laden umgebaut und das Innere des Hauses verändert.

In jenem Sommer zog Henry in seinen letzten Londoner Wohnort, an den Hans Place Nr. 23, einen offenen, luftigen grünen Platz gleich westlich seines alten Sloane-Street-Hauses. Hinter dem Haus befand sich ein hübscher Garten, in dem es sogar ein Gewächshaus gab. »Es ist ein entzückender Ort – lieblicher, als ich erwartet hatte«, berichtete Jane ihrer Schwester. »Nun, da ich mich meiner unsinnigen Vorstellungen entledigt habe, finde ich in den Zimmern mehr Komfort und Platz vor, als ich angenommen hatte.« Henrys Arbeitszimmer lag zum Garten hin, den Jane bei ihren Besuchen sehr schätzte. »Der Garten ist ein lieblicher

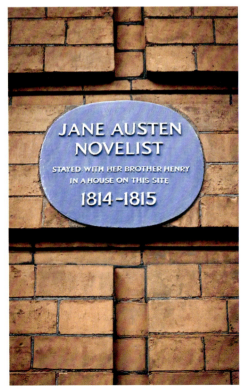

Ort«, schrieb sie Cassandra. »Ich bewohne sein Arbeitszimmer im Erdgeschoss, mit direktem Ausgang zum Garten; da ist es besonders schön. Von Zeit zu Zeit gehe ich hinaus und erfrische mich, bevor ich in die einsiedlerische Seelenruhe zurückkehre« (23. August 1814). Im Herbst desselben Jahres reist sie abermals nach London, um eine zweite Auflage von *Mansfield Park* zu besprechen, und noch einmal im Herbst 1815 – zu ihrem letzten London-Aufenthalt –, um den Verkauf der Rechte für *Emma* an einen neuen Verleger, John Murray, auszuhandeln. »Mr Murrays Brief ist eingetroffen«, schrieb sie an Cassandra. »Natürlich ist er ein Schurke, wenn auch ein charmanter. Er bietet 450 Pfund, will aber dafür auch die Rechte an *Mansfield Park* und *Verstand und Gefühl*. Lieber bringe ich die Bücher selbst heraus, wage ich zu sagen. Aber er spendet mehr Lob, als ich gedacht hatte. Es ist ein amüsanter Brief« (17. Oktober 1815).

Inzwischen war Henry an einer »Gallenkolik mit Fieber« erkrankt. Charles Haden, ein ansässiger Apotheker und Arzt, therapierte ihn mit Kalomel, einem herben, quecksilberhaltigen Abführmittel, und ließ ihn drei Tage in Folge reichlich zur Ader. Kein Wunder, dass sich Henrys Befinden sehr schnell verschlechterte; eine Zeit lang fürchtete Jane gar um sein Leben. Dann wurde er jedoch langsam wieder gesund. Jane blieb bis zum 16. Dezember in London, pflegte Henry und korrigierte die Druckfahnen von *Emma*. »Es geschah während dieses Aufenthaltes in London«, erinnerte sich Nichte Caroline später, »dass ihr ein kleiner Schimmer der Gunst des Hofes zuteilwurde«. Der Zufall wollte es, dass der Arzt, den man in Henrys Angelegenheit zu Rate gerufen hatte, auch Leibarzt des Prinzregenten war und diesen von Janes Aufenthalt in London informiert hatte. Der Prinz war ein passionierter Leser ihrer Romane und besaß – nach eigenen Angaben – in jeder seiner königlichen Residenzen je eine Ausgabe davon. Eine solch prominente Ehrerbietung und Beachtung muss Jane nicht unbedingt gefreut haben. Wie ihre anderen Romane auch sollte *Emma* anonym erscheinen. Auf dem Titelblatt ihres ersten Romans, *Verstand und Gefühl*, hatte gestanden: »Von einer Frau«, und auf jenem des folgenden nur: »Von der Autorin von *Verstand und Gefühl*«, und später dann: »Von der Autorin von *Stolz und Vorurteil*«, und so fort. Doch trotz dieser Vorsichtsmaßnahmen und sehr zu ihrem Verdruss wurde Jane mit der Zeit als Autorin bekannt. Das Geheimnis war nach und nach ans Tageslicht gekommen, dank Henry, der sich – liebevoll, aber über die Maßen engagiert – nicht nur als

GEGENÜBER GANZ OBEN Rückfront des Hauses von Henry und Eliza Austen in der Sloane Street Nr. 64, mit jenem achteckigen Raum, in welchem die musikalische Abendgesellschaft veranstaltet wurde
GEGENÜBER UNTEN LINKS Denkmalschutzplakette an Henry Austens Haus am Hans Place Nr. 23
GEGENÜBER RECHTS Grünflächenplatz in der Mitte des Hans Place
LINKS Georgianische Häuser am Hans Place

ihr Literaturagent, sondern auch als ihr selbsternannter Pressesprecher verdient gemacht hatte. Als sie hörte, dass Henry das Geheimnis abermals preisgegeben hatte, schrieb sie an Francis in amüsierter Verzweiflung: »Henry hatte in Schottland ein herzliches Lob über *Stolz und Vorurteil* vernommen, von Lady Robert Kerr und einer weiteren Dame. Und was tut er mit der Herzenswärme seiner brüderlichen Eitelkeit und Liebe? Er verrät ihnen doch sofort, wer es geschrieben hat! – Was einmal so ins Rollen kam, wird kaum noch aufgehalten! – Und außerdem – der arme Tropf – hat er das Rad ja nicht nur einmal zum Rollen gebracht! Ich versuche mich zu stählen« (25. September 1813). Als berühmte Autorin vergöttert zu werden, war keineswegs ihr Wunsch. Doch nun brachten ihr die Besuche bei Henry in London ebenjene Beachtung, der sie zu entgehen suchte. Als sie erfuhr, dass eine bestimmte Dame gespannt darauf sei, sie kennenzulernen, schrieb sie: »Ich würde sehr gern Miss Burdetts Bekanntschaft machen, bin aber etwas verschüchtert, da sie mir vorgestellt werden möchte. Wenn ich so ein Fabelwesen bin, kann ich nichts dafür. Das ist nicht allein meine Schuld« (24. Mai 1813). Viele ihrer Schriftstellerkolleginnen veröffentlichten damals anonym, um der herrschenden gesellschaftlichen Meinung zu entsprechen, derzufolge das Romaneschreiben keine akzeptable Beschäftigung für eine Dame sei. Jane hingegen – so viel wird deutlich – sah sich bei Weitem nicht verpflichtet, dem gesellschaftlichen Druck nachzugeben. Sie wollte einfach gern anonym bleiben. Bei einem anderen Besuch bei Henry, nach der Veröffentlichung ihres dritten Romans, hatte sie sogar eine Einladung zu einem Treffen mit der berühmten Schriftstellerin Madame de Staël ausgeschlagen, die sie sicher in Literatenkreise eingeführt haben würde, hätte sie es nur gewünscht.

Doch nun hatte der Prinzregent selbst seine Bewunderung für ihre Werke ausgesprochen und seinen Bibliothekar geschickt, Pastor James Stanier Clarke, um sie zu einem Besuch seines Londoner Palasts, des Carlton House, und dort zu einer Besichtigung seiner im gotischen Stil gehaltenen Bibliothek einzuladen. Falls Jane ihre Eindrücke vom überaus kunstvoll verzierten Prinzenpalast festgehalten haben sollte, so ist dieser Brief leider nicht mehr erhalten. Über Clarke ließ der Prinz Jane die Erlaubnis erteilen – und das kam einem königlichen Befehl gleich –, ihm eines ihrer zukünftigen Werke zu widmen. Jane war zwar keine große Verehrerin dieses lasterhaften Mannes, des späteren Georgs IV., fühlte sich aber zur Zustimmung verpflichtet und widmete ihm *Emma*. Später amüsierte sie sich köstlich über Clarke, der sie mit Vorschlägen für Romanstoffe bombardierte. Vielleicht, so schrieb er, würde eine Geschichte berühmt, die sich am Königshaus von Sachsen-Coburg orientierte (desjenigen, aus dem der zukünftige Ehemann der Thronfolgerin Prinzessin Charlotte stammte), oder vielleicht eine über das Leben eines Geistlichen, wie er einer war? Ihre höflichen und freundlichen Antworten sind doch voller verhaltener Heiterkeit und lassen uns an ihrem Verständnis von ihrer eigenen Rolle und ihren Fähigkeiten als Autorin teilhaben. »Ich könnte mich ums Verrecken nicht ernsthaft hinsetzen und ernsthafte Romane schreiben«, antwortete sie ihm, »und wenn es unerlässlich wäre, dies zu tun, anstatt entspannt über mich selbst und über andere zu lachen, sollte ich – ganz sicher – noch vor Ende des ersten Kapitels gehängt werden.« Nein, von ihr würden keine historischen Romanzen oder Moralgeschichten geschrieben werden, obgleich sie sich »zu Profit- oder Popularitätszwecken sicher besser eigneten«, schrieb sie weiter. »Ich muss meinem eigenen Stil treu bleiben und meinen eigenen Weg gehen; … ich würde in jeder anderen Hinsicht komplett versagen« (1. April 1816).

Henry Austen indessen setzten weitere Schicksalsschläge zu. Der wirtschaftliche Niedergang nach dem Krieg ließ erst sein Geschäft in Alton und dann seine Londoner Bankengesellschaft bankrottgehen, was ihn in relative Armut stürzte. Er verkaufte sein Londoner Haus und trat im folgenden Jahr in den Kirchenorden ein, um den Rest seines Lebens in Ruhe und als angesehener Geistlicher zu verbringen. Henrys Haus am Hans Place steht noch heute, wurde jedoch mit einer viktorianischen roten Backsteinfassade versehen und um ein Stockwerk ergänzt. Der Garten musste gänzlich dem Bau einer Straße weichen. Auch das Hausinnere wurde durch den Umbau in Wohnungen verändert; man nimmt jedoch an, dass das Arbeitszimmer, in dem Jane so gerne gesessen hatte, weitgehend unverändert geblieben ist.

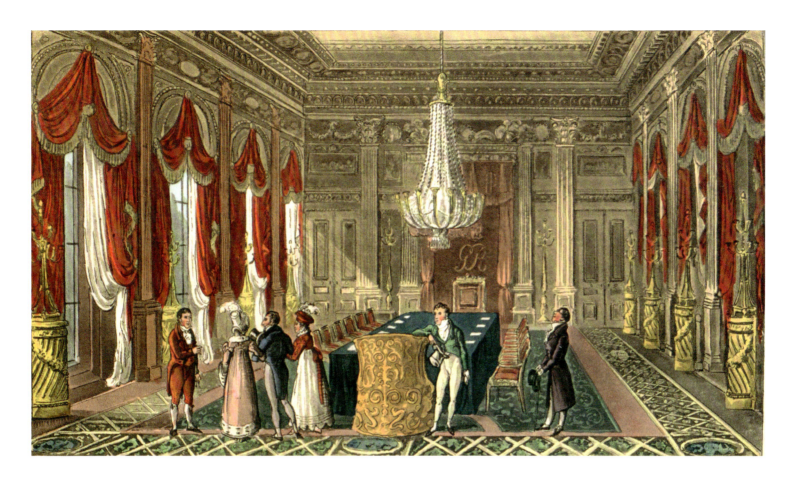

OBEN *Das »Nonplusultra« des »Londoner Lebens« – Kate, Sue, Tom, Jerry und Logic beim Bestaunen des Thronzimmers im Carlton Palace*, von Isaac und George Cruikshank, aus *Londoner Leben*, von Pierce Egan, 1821
LINKS *Der Große Saal, Carlton House*, von Thomas Rowlandson, aus *Der Londoner Mikrokosmos*, 1808

LONDON

WINCHESTER

*Solltest Du jemals krank werden, mögest Du genauso liebevoll gepflegt werden
wie ich. Möge der gleiche Trost durch besorgte, mitfühlende Freunde auch Dir zuteilwerden,
und mögest Du (bei Dir bin ich mir ziemlich sicher) die größte Segnung von allen
besitzen, nämlich das Bewusstsein, ihrer Liebe würdig zu sein.*

BRIEF VON JANE AUSTEN AN JAMES EDWARD AUSTEN, 27. MAI 1817

Jane Austen und ihre Familienbegleiter kamen am regnerischen Nachmittag des 24. Mai 1817 in Winchester an und begaben sich zu ihren Unterkünften im Hause einer Mrs David in der College Street Nr. 8; die gute Freundin Elizabeth Bigg von Manydown – nun verwitwete Mrs Heathcote, die in Winchester lebte, weil ihr Sohn hier zur Schule ging – hatte sich darum gekümmert. Hier würde Jane die letzten acht Wochen ihres Lebens verbringen. Die Zimmer lagen im ersten Stock und waren komfortabel, schrieb Jane an James Edward in ihrem letzten vollendeten Brief. »Wir haben einen hübschen kleinen Salon mit einem großen Erkerfenster, aus dem man auf Dr. Gabells Garten hinaussieht.« Die ersten paar Tage in Winchester verliefen sehr ermutigend:

Ich will mich nicht meiner Handschrift rühmen; weder diese noch mein Gesicht haben ihre alte Schönheit schon wiedererlangt. Aber in anderer Hinsicht erhole ich mich rasch wieder. Ich bin jetzt von neun Uhr morgens bis zehn Uhr abends auf – zwar liege ich auf dem Sofa – das ist wahr –, aber ich esse recht vernünftig mit Tante Cassandra und kann mich beschäftigen und von einem Zimmer ins andere gehen. Mr Lyford verspricht, mich zu heilen, und wenn er versagt, werde ich eine Klageschrift verfassen und dem Domkapitel vorlegen, und ich habe keinen Zweifel an einer Wiedergutmachung durch diese fromme, gelehrte und unparteiische Versammlung.

27. MAI 1817

Ihr ärztlicher Betreuer, Dr. Giles King Lyford, dessen Behandlungen schon in Chawton gut angeschlagen hatten, war jetzt Wundarzt am County Hospital in Winchester und führte außerdem eine florierende Praxis in dieser Stadt. Janes Befinden besserte sich zunächst kontinuierlich, sodass ihr Lyford erlaubte, ins Freie zu gehen, schrieb sie einer Freundin Ende Mai (erhalten ist nur die Kopie eines Fragments; vermutlich war der Brief an Mrs Tilson gerichtet, Henrys Londoner Nachbarin): »Meine Pflegerin muntert mich auf und redet davon, mich gesund zu machen. Ich liege hauptsächlich auf dem Sofa, darf aber von einem Zimmer ins andere gehen. Einmal war ich in einer Sänfte an der frischen Luft, und das soll wiederholt werden, und wenn das Wetter es zulässt, soll ich sogar in einem Rollstuhl spazieren fahren dürfen. Zu dieser Angelegenheit möchte ich weiterhin nur noch sagen, dass meine liebste Schwester, meine zärtliche, aufmerksame, unermüdliche Pflegerin, durch all ihre Anstrengungen noch nicht selbst krank geworden ist. Über das, was ich ihr schulde, und über die ängstliche Besorgnis meiner ganzen lieben Familie aus diesem Anlass kann ich nur weinen und zu Gott beten, sie mit seinem Segen zu überschütten.« Am Ende des Briefes konnte sich ihr üblicher Humor jedoch wieder behaupten: »Du wirst Captain – einen sehr angesehenen und wohlmeinenden Mann finden, der freilich keine besonders geschliffenen Umgangsformen hat, seine Frau und seine Schwester immer gut gelaunt und zuvorkommend und, wie ich

Die Kathedrale von Winchester, um 1890–1900

hoffe, (da die Mode es erlaubt) mit längeren Unterröcken als im vorigen Jahr« (Ende Mai 1817).

Leider wurde Jane nur vorrübergehend wieder gesund; sie erlitt einen bedrohlichen Rückfall. Mr Lyford teilte Mary Lloyd Austen, die zur Unterstützung von Janes Pflegerin angereist war, vertraulich mit, dass der Fall ihrer Schwägerin aussichtslos sei. James Austen schrieb seinem Sohn James Edward nach Oxford: »Schmerzerfüllt schreibe ich Dir, was Du schmerzerfüllt lesen wirst, doch muss ich Dir sagen, dass wir uns nicht länger mit der geringsten Hoffnung schmeicheln können, dass Deine liebe und kostbare Tante Jane wiederhergestellt würde. Die Symptome, die sich nach den ersten vier oder fünf Tagen in Winchester wieder einstellten, sind nicht mehr abgeklungen, und Mr Lyford hat uns aufrichtig mitgeteilt, dass ihr Fall hoffnungslos sei. Ich brauche Dir nicht zu sagen, was für eine trübselige Schwermut diese Nachricht über uns alle brachte.« Henry und er waren regelmäßig bei Jane, um sie zu pflegen und zu unterhalten, und Charles kam auf einen Kurzbesuch aus London her, um sie »das letzte Mal auf dieser Welt zu sehen«, wie er befürchtete. Francis scheint in Chawton gewesen zu sein, um Mutter Austen zu trösten. Ende Juni dann besserte sich ihr Zustand erneut etwas, sodass Mary Lloyd Austen nach Steventon zurückkehrte, um nur wenige Tage später wieder herzukommen, weil die Pflegeschwester nachts eingeschlafen war, statt nach der Kranken zu sehen. Bemerkenswert war, dass Jane weiterhin bei guter Stimmung blieb, wie Cassandra schrieb: »Tante Jane blieb weiterhin sehr heiter und gelassen. … Nie verließ sie ihr liebliches Naturell; sie war stets rücksichtsvoll und dankbar zu jenen, die sie pflegten, und manchmal, wenn sie sich besser fühlte, obsiegte ihr verspielter Geist, und sie erheiterte jeden noch in seiner Trauer.« Am Dienstag, dem 15. Juli, einem verregneten St. Swithin's Day, diktierte sie Cassandra sogar ein paar lustige Verse über die lästigen Winchester-Rennen und die Wahrscheinlichkeit, dass sie der alte Heilige erneut verfluchen würde: »Diese Rennen und Feiern in so vollen Zügen, ihr verderbt ja das Land, das nahe gelegen; Haltet ein! – Mein Fluch straft euer Vergnügen, Macht euch los auf den Turf – ich verfolg' euch mit Regen…«

An jenem Abend verschlechterte sich ihr Zustand erneut; sie verfiel zusehends und starb in den frühen Morgenstunden des 18. Juli, ihren Kopf auf einem Kissen in Cassandras Schoß.

Über diesen Verlust schrieb Cassandra an Fanny: »Ich habe einen Schatz verloren, eine Schwester, eine Freundin, wie es niemals eine bessere gegeben haben kann. Sie war die Sonne meines Lebens, vergoldete alle meine Freuden, tröstete mich in jedem Kummer. Ich hatte kein Geheimnis vor ihr, und mir ist, als hätte ich einen Teil von mir selbst verloren. … Ihre geliebten Überreste

OBEN Jane Austens letzte Wohnstätte, College Street Nr. 8, Winchester, 1906 und heute

sollen in der Kathedrale beigesetzt werden. Es ist eine Genugtuung für mich zu wissen, dass sie in einem Gebäude ruhen werden, das sie so sehr bewundert hat« (20. Juli). Das Begräbnis fand am 24. Juli statt und wurde nur von Janes Brüdern Edward, Henry und Francis und dem Neffen James Edward begleitet, der für seinen kranken Vater gekommen war. Cassandra und Mary nahmen nicht teil, wie es dem Brauch jener Zeit entsprach, doch schrieb Cassandra an Fanny: »Ich wollte auf keinen Fall den letzten Augenblick versäumen. … Ich schaute dem kleinen Trauerzug bis zum Ende der Straße nach, und als er um die Ecke bog und ich sie für immer verloren hatte, war ich nicht so überwältigt, nicht so aufgewühlt wie jetzt, da ich Dir darüber schreibe. Niemals wurde ein Mensch so aufrichtig betrauert von denen, die dem Sarg folgten, wie diese arme Seele« (29. Juli 1817). Janes Leichnam wurde im nördlichen Seitenschiff der Kathedrale von Winchester beigesetzt. Ihr Grab ziert ein Gedenkstein, dessen Worte zwar die Trauer der Angehörigen wiedergeben, ihr literarisches Werk aber gänzlich unerwähnt lassen und nur indirekt auf ihre außergewöhnlichen Fähigkeiten verweisen:

In Gedenken an JANE AUSTEN, die jüngste Tochter des seligen Pastors GEORGE AUSTEN, einst Pfarrer von Steventon in dieser Grafschaft. Mit 41 Jahren ging sie nach langer Krankheit, die sie mit frommer Geduld und mit Hoffnung ertrug, am 18. Juli 1817 aus dem Leben. Die Güte ihres Herzens, die Anmut ihres heiteren Wesens und ihr außergewöhnlicher Geist wurden mit dem Respekt all derer geachtet, die sie kannten und ihre herzliche Liebe in innigen Verbindungen erfahren hatten und deren Kummer dieser Liebe angemessen ist. Der Verlust ist schwer – und sie unersetzlich, doch in tiefster Trauer tröstet die feste, wiewohl bescheidene Hoffnung, dass ihre Seele durch ihre Nächstenliebe, ihre Ergebenheit, ihren Glauben und ihre Reinheit gefällig ist in den Augen ihres ERLÖSERS.

In ihrem Testament überließ Jane alles, was sie besaß, ihrer Schwester Cassandra; nur 50 Pfund gingen je an Henry und Madame Bigeon. Es muss ihr eine besondere Genugtuung gewesen sein, dass sie nach so vielen Jahren der Abhängigkeit von ihrer Familie in der Lage war, ihrer Schwester aus den Einnahmen ihrer Veröffentlichungen ein bescheidenes, doch nützliches Erbe zu hinterlassen. Mutter Austen, Cassandra und Martha Lloyd lebten weiterhin zusammen im Chawton Cottage, bis Mutter Austen 1827 im Alter von 87 Jahren starb. Im Jahr darauf verließ Martha Lloyd das Haus und heiratete den verwitweten Francis Austen. Cassandra lebte fortan und bis zu ihrem Tod allein im Cottage; sie starb 1845 im Alter von 72 Jahren. Janes liebe Neffen und Nichten vermissten ihre Tante unendlich. »Traf man Tante Jane zu ihren Lebzeiten einmal nicht im Cottage an, war das wirklich ein Unglück«, schrieb Caroline. Sie erinnerte sich daran, dass einer ihrer Cousins später, »als er schon groß war, ab und zu Tante Cassandra besuchte, die nun die einzige Bewohnerin des alten Hauses war. … Seine Besuche dort waren immer Enttäuschungen; er erwartete einfach immer noch, in Chawton besonders glücklich zu sein, und begriff immer erst dort, dass all die einzigartigen Freuden für immer verloren waren.«

OBEN Jane Austens Grabplatte in der Kathedrale von Winchester

oben Die Briefmarken der britischen Royal Mail von 2013 zur Feier von 200 Jahren *Stolz und Vorurteil*

INFORMATIONEN & ADRESSEN

REISEZIELE

Austens Geburtsort
Steventon, Hampshire
www.visit-hampshire.co.uk/places-to-visit/steventon

Jane Austen Centre, Bath
www.visitbath.co.uk/things-to-do/the-jane-austen-centre-p26121

Regency Tearooms, Bath
www.visitbath.co.uk/eating-and-drinking/the-jane-austen-centre-regency-tea-rooms-p49211

Jane Austen Festival, Bath
www.janeaustenfestivalbath.co.uk

Jane Austen Museum
Chawton House, Chawton, Hampshire
www.jane-austens-house-museum.org.uk

Jane Austens Grab
Kathedrale von Winchester, Winchester, Hampshire
www.winchester-cathedral.org.uk

JANE-AUSTEN-GESELLSCHAFTEN

Jane Austen Society (Großbritannien)
www.janeaustensoci.freeuk.com

Jane Austen Freunde (Deutschland)
www.jane-austen.de

Jane Austen Society of North America
www.jasna.org

Jane Austen Society of the Netherlands
www.janeaustensociety.nl

Jane Austen Society of Italy
www.jasit.it

BIBLIOTHEKEN MIT WICHTIGEN JANE-AUSTEN-SAMMLUNGEN

Chawton House Library
www.chawton.org

Goucher College, USA, Jane-Austen-Sammlung
www.goucher.edu

British Library, London
(Digitale Ausgabe der History of England)
www.bl.uk/onlinegallery/ttp/austen/accessible/introduction.html

Bodleian Library, Oxford
www.bodleian.ox.ac.uk

Morgan Library und Museum
(Jane Austens Leben und Nachlass)
www.themorgan.org/exhibitions

Jane Austens Roman-Manuskripte
www.janeausten.ac.uk

Jane Austens England
Jane Austen's House Museum, Chawton
www.jane-austens-house-museum.org.uk

Chawton Village, Hampshire
www.chawton.info

Jane Austen Centre, Bath
www.janeausten.co.uk

North Waltham, Steventon, Ashe & Deane History Society
www.nwsadhs.co.uk

Kreis Hampshire, Jane-Austen-Website
www3.hants.gov.uk/austen

Winchester in der Literatur
www.literarywinchester.co.uk/?p=534

Jane Austen Wanderweg
www.winchesteraustentrail.co.uk

Jane Austens Orte: die Astoft Gallery
www.astoft.co.uk/austen

Was Jane sah (Rekonstruktion der Joshua-Reynolds-Ausstellung, die Jane Austen 1813 besuchte)
www.whatjanesaw.org

Das alte Hampshire in Karten
www.geog.port.ac.uk/webmap/huntsman

SEITEN MIT ANDEREN QUELLEN

Einfache Geschichte des 18. Jahrhunderts
www.18thcenturycommon.org

Molland's (mit den Texten von Austens Romanen)
www.mollands.net

Schreiben wie Jane Austen – ein Thesaurus
www.writelikeausten.com

WEITERE JANE-AUSTEN-SEITEN

Jane Austen Project, Oxford
www.janeaustenproject.org

Republic of Pemberley
www.pemberley.com

Jane Austens Bücher
www.janeaustenbooks.net

Juvenilia Press – mit einer Sonderausgabe zu Austens Jugendwerk
www.arts.unsw.edu.au/juvenilia

Das Magazin *Jane Austen's Regency World*
www.janeaustenmagazine.co.uk

Pia Frauss' Jane-Austen-Schrift mit Download
www.pia-frauss.de/fonts/ja.htm

Faksimile-Ausgabe von Jane Austens Jugendwerken, Abbeville Press
www.abbeville.com

BIBLIOGRAFIE

JAS steht für *Jane Austen Society*

JASNA steht für *Austen Society of North America*

Allen, Louise. *Walking Jane Austen's London: A Tour Guide for the Modern Traveller.* Botley, Oxford: Shire Publications, 2013.

Atkinson, Edmund. »Jane Austen and Sussex« (1977). JAS *Collected Reports* (1976–1985).

Austen, Caroline. *My Aunt Jane Austen: A Memoir.* Winchester: JAS Memorial Trust, 1952, 1991.

Austen, Caroline. *Reminiscences of Jane Austen's Niece.* Neuausgabe. Winchester: JAS, 2004.

Austen, Jane. *Jane Austen's Letters.* Hrsg. von Deirdre Le Faye. Oxford: Oxford University Press, 2011.

Austen, Jane. *My dear Cassandra! Ausgewählte Briefe.* Hrsg. u. übersetzt von Ingrid von Rosenberg. Frankfurt: Ullstein Verlag, 1993.

Austen, Jane. *Ich bin voller Ungeduld. Briefe an Cassandra.* Hrsg. u. übersetzt von Ursula Gräfe. Frankfurt: Insel, 2013.

Austen, Jane. *Die großen Romane.* Übersetzt von Karin von Schwab, Horst Höckendorf, Erika Kröger, Gisela Reichel, Margit Meyer, Christina Agricola. 6 Bände. Köln: Anaconda, 2011.

Austen, Jane. *Minor Works.* Hrsg. von R.W. Chapman. Band 6 der *Novels of Jane Austen*. London: Oxford University Press, 1954.

Austen-Leigh, Emma. *Jane Austen and Lyme Regis.* Colchester: Ballantyne Press, 1941.

Austen-Leigh, James Edward. *A Memoir of Jane Austen and Other Family Recollections.* Hrsg. von Kathryn Sutherland. New York: Oxford University Press, 2002.

Austen-Leigh, Joan. »Chawton Cottage Transfigured«. JASNA *Persuasions* 4 (1982).

Austen-Leigh, Joan. »New Light Thrown on JA's Refusal of Harris Bigg-Wither«. JASNA *Persuasions* 8 (1986).

Austen-Leigh, William und Richard Arthur Austen-Leigh. Hrsg. und erweitert Deirdre Le Faye. *Jane Austen, die Biografie.* Berlin: Ullstein, 1998.

Beresford, James. *Menschliches Elend.* Bayreuth/Lübeck, 1810.

Black, Maggie, Deirdre Le Faye. *Das Jane Austen Kochbuch.* Ditzingen: Reclam, 2013.

Bowden, Jean K. *Jane Austen's House.* Norwich: Jane Austen Memorial Trust, 1994 und 1996.

Bowden, Jean K. »Living in Chawton Cottage«. JASNA *Persuasions* 12 (1990).

Bown, Joyce. »The Village of Steventon«. JASNA *Persuasions* 19 (1997).

Brade-Birks, S. Graham. *Jane Austen and Godmersham.* West Malling, Kent: Kent County Library and Kent County Council, Nachdruck, 1984.

Brears, Peter, *Jane Austen's House, Chawton. Report on the Restoration of the Kitchen.* Juli 2004.

Britton, John und Edward Wedlake Brayley. *The Beauties of England and Wales.* London: Vernor & Hood, 1802.

Buchan, William, M.D. *Domestic Medicine: Or, A Treatise on the Prevention and Cure of Diseases by Regimen and Simple Medicines*, 14. Aufl. London: A. Strahan and T. Cadell, 1794.

Bussby, Frederick. *Jane Austen in Winchester.* Winchester: The Friends of the Winchester Cathedral, 1969.

Byrne, Paula. »›The unmeaning luxuries of Bath‹: Urban Pleasures in Jane Austen's World«. JASNA *Persuasions* 26 (2004).

Cantrell, D. Dean. »A Visit to Jane Austen's Last Home«. JASNA *Persuasions* 18 (1996).

Cantrell, D. Dean. »The Eccentric Edifice«. JASNA *Persuasions* 8 (1986).

Caplan, Clive. »Jane Austen's Banker Brother: Henry Thomas Austen of Austen & Co., 1801–1816«. JASNA *Persuasions* 20 (1998).

Carpenter, T. Edward. *The Story of Jane Austen's Chawton House.* Alton, Hampshire: Jane Austen Memorial Trust, o. J.

Clark, Edward Daniel. *A Tour through the South of England, Wales, and Part of Ireland, Made During the Summer of 1791.* London: R. Edwards, 1793.

Copeland, Edward. »*Persuasion*: The Jane Austen Consumer's Guide«. JASNA *Persuasions* 15 (1993).

Corley, T.A.B. »Jane Austen and her brother Henry's bank failure 1815–1816« (1998). JAS *Collected Reports* (1996–2000).

Corley, T.A.B. »Jane Austen's School days« (1996). JAS *Collected Reports* (1996–2000).

Corley, T.A.B. »Mrs. Sherwood's Secrets: Jane Austen's boarding-school at Reading in the 1790s«. JAS *Report* (2009).

Cottam, Graeme, Susie Grandfield, Sarah Parry und Helen Scott. *Chawton House Library.* Chawton House Library, 2005.

Cowper, William. *Poems.* London: F.C. and J. Rivington, 1820.

Davis, Michael. »The Skins of Number Four« (2004). JAS *Collected Reports* (2001–2005).

Edmonds, Antony. *Jane Austen's Worthing: The Real Sanditon.* Stroud, Gloucestershire: Amberley Publishing, 2013.

Edwards, Anne-Marie. *In the Steps of Jane Austen.* Madison, Wisconsin: Jones Books, 2003.

Englefield, Sir Henry C. *A Walk Through Southampton.* Southampton: Baker and Fletcher, 1805.

Feltham, John. *A Guide to All the Watering and Seabathing Places.* London: Longman, Hurst, etc. 1813.

Freeman, Jean. *Jane Austen in Bath.* Alton, Hampshire: JAS, 1969.

Greet, Carolyn S. »Jane and Cassandra in Cheltenham« (2003). JAS *Collected Reports* (2001–2005).

Grigsby, Joan. »The House in Castle Square« (1978). JAS *Collected Reports* (1976–1985).

Hill, Constance. *Jane Austen: Her Homes and Her Friends*, Neuaufl., London und New York: John Lane, 1904.

Howells, William Dean. *Heroines of Fiction, Volume I.* New York und London: Harper & Brothers Publishers, 1901.

Hughes-Hallett, Penelope. »Growing Up in Steventon«. JASNA *Persuasions* 14, 1992.

Hughson, David. *Walks Through London.* London: Sherwood, Neely, and Jones, 1817.

Hurst, Jane. *Jane Austen and Chawton: A Walk around Jane Austen's Chawton.* Selbstverlag, 2009.

Hurst, Jane. *Jane Austen and Alton: A Walk around Jane Austen's Alton.* Selbstverlag, 2011.

Huxley, Victoria. »Adlestrop and the Austen connection: the Leigh family«. JAS *Report* (2011).

Huxley, Victoria. *Jane Austen & Adlestrop: Her Other Family.*

Ibbetson, Laporte, und J. Hassell. *A Picturesque Guide to Bath.* London: Hookham and Carpenter, 1793.

Kaleque, S.M. Abdul. »Jane Austen's Idea of a Home«. JASNA *Persuasions Online* 26., Nr. 1 (2005).

Kulisheck, Patricia Jo. »Steventon Parsonage«. JASNA *Persuasions* 7 (1985).

Lane, Maggie. *A Charming Place: Bath in the Life and Novels of Jane Austen.* Bath: Millstream Books, Nachdruck, 2000.

Lane, Maggie. *Jane Austen and Lyme Regis.* Alton, Hampshire: JAS, 2003.

Lane, Maggie. »Jane Austen's Bath«. JASNA *Persuasions* 7 (1985).

Lawrence, Robert Heathcote. »Jane Austen at Manydown« (1994). JAS *Collected Reports* (1986–1995).

»The lease of No. 4 Sydney Place«. *Bath Chronicle*, 21. Mai 1801. Zit. in Jean Freeman, *Jane Austen in Bath*.

Le Faye, Deirdre. *Jane Austen und ihre Zeit.* Berlin: Nicolai, 2002.

Le Faye, Deirdre. »The Austens and their Wedgwood Ware« (2005). JAS C*ollected Reports* (2001–2005).

Le Faye, Deirdre. »The Austens and the Littleworths« (1987). JAS *Collected Reports* (1986–1995).

Lefroy, Fanny Caroline. »Hunting for snarkes at Lyme Regis«. *Temple Bar: A London Magazine for Town and Country Readers* 57 (1879).

Lefroy, Helen und Gavin Turner, Hrsg. *The Letters of Mrs Lefroy: Jane Austen's Beloved Friend.* Winchester: JAS, 2007.

»Letter from a young gentleman on his travels, to his friends in America, June 8, 1808«. *The Portfolio* 3 (1810).

Lipscomb, George. *A Journey Into Cornwall, Through Southampton, Wilts, Dorset, Somerset & Devon.* London: H. Sharpe, 1799.

Loudon, John C. *Eine Encyclopädie des Gartenwesens.* Weimar, 1823.

Maletzke, Elsemarie. *Mit Jane Austen durch England.* Berlin: Insel, 2009.

»Mercure Southampton Centre Dolphin Hotel – a brief history«. www.dolphin-southampton.com.

The New Bath Guide; or Useful Pocket Companion. Bath: R. Cruttwell, 1799.

Nicholson, Nigel. *Godmersham Park, Kent: Before, During and After Jane Austen's Time.* Alton, Hampshire: JAS, 1996.

Nicholson, Nigel. »Jane Austen's Houses in Fact and Fiction«. JASNA *Persuasions* 14 (1992).

Northcote, Walter Stafford, 2. Earl of Iddesleigh. »A Chat About Jane Austen«. *The Nineteenth Century* 47 (1900).

Notes on key conclusions from Historic Building Survey prior to Development 2008, Jane Austen's House Museum.

Oulton, W.C. *The Traveller's Guide; or English Itinerary.* London: James Cundee, 1805.

Piggott, Patrick. »Jane Austen's Southampton Piano« (1980). JAS *Collected Reports* (1976–1985).

Proudman, Elizabeth. *The Essential Guide to Finding Jane Austen in Chawton.* JASNA, 2003.

Quin, Vera. *Jane Austen Visits London.* Great Malvern: Cappella Archive, 2008.

Ray, Joan Klingel und Richard James Wheeler. »James Stanier Clarke's Portrait of Jane Austen«. JASNA *Persuasions* 27 (2005).

Reading Mercury, 22. Juli 1793, zit. in Robin Vick, »Rural Crime«.

Reading Mercury. 19. August 1793, zit. in Robin Vick, »Rural Crime«.

Repton, Humphry und André Rogger. *Die Red Books des Landschaftskünstlers Humphrey Repton.* Worms: Werner, 2007.

Sanderson, Caroline. *A Rambling Fancy: In the Footsteps of Jane Austen.* London: Cadogan Guides, 2006.

Sarin, Sophie. »The Floorcloth and Other Floor Coverings in the London Domestic Interior 1700–1800.« *Journal of Design History* 18, Nr. 2 (2005).

Sheppard, F.H.W. Hrsg. »Henrietta Street and Maiden Lane Area: Henrietta Street«. In *Survey of London: volume 36: Covent Garden*. British History Online, www.british-history.ac.uk.

Sherwood, Mary Martha. *The Life and Times of Mrs Sherwood.* Hrsg. von F. J. Harvey Darton. London: Wells Gardner, Darton & Co., 1910.

Simond, Louis. *Reise eines Gallo-Amerikaners (M. Simond's) durch Großbritannien in den Jahren 1810–1811.* Leipzig: 1817.

»A simple experiment to prevent the dreadful effects of sleeping in a damp bed«. *The European Magazine: And London Review* 18 (1790).

Slothouber, Linda. »Elegance and Simplicity: Jane Austen and Wedgwood«. JASNA *Persuasions* 31 (2009).

Smithers, David Waldron. »Where Was Rosings?« (1981). JAS *Collected Reports* (1976–1985).

Southam, Brian C. »Jane Austen beside the Seaside: An Introduction«. JASNA *Persuasions* 32 (2010).

Southam, Brian C. »Jane Austen beside the Seaside: Devonshire and Wales 1801–1803«. JASNA *Persuasions* 33 (2011).

Sutherland, Eileen. » ›A little sea-bathing would set me up forever‹: The History and Development of the English Seaside Resorts«. JASNA *Persuasions* 19 (1997).

Sutherland, Eileen. »Tithes and the Rural Clergyman in Jane Austen's England«. JASNA *Persuasions* 16 (1994).

A tour through England: described in a series of letters, from a young gentleman to his sister. London: Tabart and Co., 1806.

University of Southampton. »Research project: The Austen Family Music Books: A major study of domestic music making in Jane Austen's family«. www.southampton.ac.uk/music.

Vick, Robin. »The Alton Book Society« (1994). JAS *Collected Reports* (1986–1995).

Vick, Robin. Jane Austen's House at Chawton« (1995). JAS *Collected Reports* (1986–1995).

Vick, Robin. »Rural Crime« (1996). JAS *Collected Reports* (1996–2000).

Vick, Robin. »The Sale at Steventon Parsonage« (1993). JAS *Collected Reports* (1986–1995).

Walker, Linda Robinson. »Why Was Jane Austen Sent Away to School at Seven? An Empirical Look at a Vexing Question«. JASNA *Persuasions Online* 26, Nr. 1 (2005).

Warner, Richard. *Excursions from Bath.* Bath: R. Cruttwell, 1801.

Watson, Winifred. *Jane Austen in London.* Alton, Hampshire: JAS, 1960.

Welland, Freydis Jane. »The History of Jane Austen's Writing Desk«. JASNA *Persuasions* 30 (2008).

White, John. *Recollections of John White.* In Caroline Austen, *My Aunt Jane Austen.*

Wilson, Kim. *Die Gärten der Jane Austen: Ausflüge zu den Schauplätzen ihrer Romane.* München: DVA, 2009.

Wilson, Kim. *Jane Austen bittet zum Tee.* Hildesheim: Gerstenberg, 2012.

Wilson, Margaret. »Austen and Tunbridge Ware« (2001). JAS *Collected Reports* (2001–2005).

INDEX

Abtei von Northanger. Siehe Northanger
Adlestrop, Gloucestershire, 51, 55, 56, 71
Alton, Hampshire, 58, 59, 68, 96, 118, 119, 121, 132
    High Street, 99, 118
    Rose Cottage, Lenten Street, 99
Armstrong-Familie, 90
Pfarrgut Ashe, Hampshire, 24
Austen, Anna. *Siehe* Lefroy, Anna
Austen, Caroline, 52, 75, 76, 87, 98, 104, 109, 114, 115, 116, 118, 120, 121, 131, 136, 137
Austen, Cassandra, 9, 17–21, 24, 27, 29, 30, 32, 33, 35, 38–45, 48–52, 54–61, 63, 66, 67, 69, 73, 74, 76, 78, 80, 81–85, 87, 88, 90, 92, 95, 96, 99, 100, 104, 109, 114, 115, 118, 120, 121, 123, 125–127, 129, 131, 134, 136, 137
Austen, Cassy, 116
Austen, Charles, 17, 74, 92, 113, 136
Austen, Edward und Familie. *Siehe* Knight
Austen, Mrs Edward (geb. Elizabeth Bridges), 38, 39, 65, 83, 84
Austen, Francis (Frank), 6, 17, 24, 48–51, 76, 78, 80, 82, 83, 99, 100, 113, 119, 123, 129, 131, 136, 137
Austen, Mrs Francis (geb. Mary Gibson), 50, 51, 76, 82, 99, 119
Austen, Francis (of Kent), 54, 123
Austen, Pfarrer George, 9, 10, 12, 16, 17, 18, 21, 27, 29, 30, 33, 35, 40, 41, 43, 44, 47, 48, 49, 51, 54, 55, 56, 58, 63, 65, 66, 88, 90, 93, 123
Austen, Mrs George (geb. Cassandra Leigh), 12, 16–18, 21, 29, 30, 35, 38, 40, 42–44, 48–50, 52, 54–56, 61, 66, 69, 71–73, 76, 80, 81, 84, 85, 88, 90, 93, 95, 96, 98, 100, 104, 105, 109, 114, 115, 118, 120, 136, 137
Austen, George, Jr., 12, 17, 18
Austen, Henry, 10, 17, 49, 52, 54–59, 71, 72, 84, 88, 90, 98, 99, 119, 120, 121, 123, 125–127, 129, 131, 132, 134, 136, 137
Austen, Mrs. Henry (geb. Eliza Hancock, später de Feuillide), 60, 88, 123, 125, 126, 127
Austen, Pfarrer James, 12, 17, 18, 21, 24, 27, 48, 49, 50, 52, 56, 67, 74, 76, 78, 84, 104, 121, 136
Austen, Mrs James (geb. Mary Lloyd), 21, 24, 48, 50, 56, 67, 72, 76, 84, 121, 136

Austen, Jane
    Einkaufen, 10, 35, 39, 119, 126, 127, 129
    Geburt, 17
    Haushalt, 78, 104, 114
    Heiratsantrag, 74
    Jugendwerk, 9, 24, 27, 123
        Volume the Second, 27, 123
        Volume the Third, 123
    Krankheit, 10, 29, 92, 120, 121, 134–137
    Küstenromanze, 10, 87
    Lesen, 9, 21, 24, 109, 118
    Meeresbaden, 92
    Mode, 27, 39, 44, 126, 127
    Musik, 20, 33, 39, 84, 109, 113, 114
    Naturverbundenheit, 9, 20, 21, 40, 52, 54, 96, 131
    Nähen und Nadelarbeiten, 20, 33, 82, 115, 118
    Reisen, 52–63
    Ruhm, 9, 131, 132
    Schreiben, 9, 10, 67, 115, 118, 127, 131, 136, 137
    Schule, 28–33, 59
    Spaziergänge, 27, 45, 90, 100, 118
    Tanz, 27, 44, 74, 84, 85, 90
    Theater, 10, 39, 123, 126, 129
    Tod, 136
    Verleger, 10, 131
Austen, Mary Jane, 83, 116
Austen-Leigh, James Edward, 9, 12, 16–18, 21, 24, 30, 63, 80, 81, 83, 96, 109, 115, 116, 119, 134, 136

Badcock, Mr und Mrs, 45
Barmouth, Wales, 56, 92
Barnwall-Familie, 90
Basingstoke, Hampshire, 12, 27, 44, 61, 74
Bath, 9, 10, 27, 34–51, 52, 55–57, 59, 63, 75, 81, 87, 96
    Bath Blitz, 48
    Bäder, 35, 39
    Beechen Cliff, 47, 48, 50
    Camden Place, 40, 42
    Circus, 49
    Gay Street, 49
    Great Pulteney Street, 42
    Green Park Buildings, 42, 48, 49
    Kingsmead Fields, 48
    Laura Place, 40
    Lyncombe, 45
    New King Street, 42
    Obere Ballsäle, 35, 44
    Paragon, 35, 38, 57

    Queen Square, 38, 40
    Royal Crescent, 45, 50
    Seymour Street, 42
    St. James's Square, 50
    Sydney Gardens, 10, 39, 40, 42, 43, 45, 50
    Sydney Place, 42, 43, 48
    Trim Street, 50
    Trinkhalle, 35, 44, 45
    Twerton, 45
    Untere Ballsäle, 35, 44
    Weston, 45
    Widcombe, 45
Benn, Mary, 100, 118
Bertie, Admiral Albemarle und Familie, 78
Bigg-Familie, 56, 74, 105, 134
Bigg-Wither, Harris, 74
Blaise Castle, 47
Bond, John, 18
Box Hill, Surrey, 55, 56
Brabourne, Edward Knatchbull Hugessen, 1. Baron, 9, 57, 67
Bridges-Familie, 65, 66, 84
Bridges, Elizabeth. *Siehe* Austen, Mrs Edward
Bristol, Somerset, 41
Bromley, Mrs, 38
Buchanan, Claudius, 118
Burdett, Miss, 132
Burton, Mrs, 127
Butler-Harrison-Familie, 55
Butt, Mary. *Siehe* Sherwood, Mary Martha
Byron, Lord George, 129

Canterbury, Kent, 66
Carr, Sir John, 118
Catherine, 123
Cawley, Ann, 29, 30
Charlotte, Prinzessin, 132
Charmouth, Dorset, 56, 88
Chawton Cottage, 10, 69, 96–121, 137
Chawton House, 68, 69, 104, 114, 119
Chawton House Library, 69, 139
Chawton, Hampshire, 9, 10, 52, 56, 58, 68, 69, 83–85, 96–121, 129, 134, 136, 137
Cheltenham, Gloucestershire, 56
Chute-Familie, 27
Clarke, Pfarrer James Stanier, 132
Clarkson, Thomas, 118
Clifton, Bristol, 51
Colyton, Devon, 56, 92
Cooke-Familie, 55, 56, 59
Cooper, Jane, 29, 30, 59, 76

Cooper, Pfarrer Edward, 29, 30
Cooper, Mrs Edward (geb. Jane Leigh), 30
Cooper, Pfarrer Edward Jr., 30, 51, 55, 56, 87
Cotswolds, 71
Cowper, William, 81
Crawford, Mr, 90
Curtis, William, 121

D'Auvergne, Captain, 85
David, Mrs, 134
Dawlish, Devon, 56, 87, 92, 93
Deane-Pfarrgut, Hampshire, 24
Deane, Hampshire, 12, 24, 27, 49, 55
Devizes, Wiltshire, 57, 63
Dienerschaft, 17–19, 41, 43, 60, 68, 81, 98, 100, 105, 108
    Betsy, 104, 109, 114
    Bigeon, Madame, 125, 127, 137
    Browning, 104, 109
    Carter, Thomas, 104
    Day, Mrs, 82, 83
    Hall, Mrs, 82
    Husket, Mr, 83
    James, 90
    Jenny, 78, 82
    John, 59
    Littleworth, Nanny, 17
    Littleworth, William, 104, 116
    Molly, 78, 92
    Perigord, Madame, 125, 127
    Rebecca, 57
    Sally, 109, 114
    Thomas, 57
Digweed-Familie, 24, 27, 118

Elinor und Marianne. Siehe Verstand und Gefühl
Emma, 10, 19, 30, 31, 55, 56, 60, 75, 87, 96, 113, 115, 123, 131, 132
Esher, Surrey, 52
Eton College, 30

de Feuillide, Eliza. *Siehe* Austen, Mrs Henry
Fletcher, Miss, 66
Foote, Capt. Edward, 78
Fowle-Familie, 49, 55

Gabell, Dr., 134
Georg III., 56, 124
Georg IV., 131, 132
Gibson, Mary. *Siehe* Austen, Mrs Francis

Godmersham Park, Kent, 10, 50, 51, 55, 57, 61, 65–67, 69, 82, 83–85, 93, 95, 115, 121, 129
Goodnestone Park, Kent, 65, 66
Granville-Familie, 90
Great Bookham, Surrey, 55
Guildford, Surrey, 52

Hackett, Esther.
   Siehe Latournelle, Sarah
Haden, Charles, 131
Hamstall Ridware, Staffordshire, 51, 56, 87
Hancock, Mrs Tysoe Saul
   (geb. Philadelphia Austen), 123
Harpsden, Oxfordshire, 55
Harrington, Mr, 52
Harwood-Familie, 27
Heathcote, Mrs
   Siehe Bigg-Familie
Henley-on-Thames, Oxfordshire, 12
Heinrich VIII., 72
Horsham, Sussex, 52
Hubback, Catherine, 75
Hurstbourne Tarrant, Hampshire, 55

Ibthorpe, Hampshire, 24, 27, 55

Jane Austen Centre, Bath, 139
Jane Austen Gesellschaften, 139
Jane Austen House Museum, 6, 109, 114, 139

Kean, Edmund, 129
Kintbury, Berkshire, 55
Knatchbull, Wyndham, 126
Knight, Edward (geb. Austen), 10, 12, 17, 20, 38, 39, 49, 50, 55, 65–69, 82–85, 93, 95, 96, 98, 100, 104, 114–116, 123, 129, 136
Knight, Edward Jr., 59, 84
Knight, Fanny, 63, 68, 69, 84, 95, 116, 121, 136, 137
Knight, George, 59, 84
Knight, Marianne, 67, 129
Knight, Montagu, 68
Knight, Thomas II., 55, 65, 68
Knight, Mrs Thomas (geb. Catherine Knatchbull), 55, 65, 66, 69, 114, 119
Knight, Pfarrer William, 121

Lady Susan, 9
Lance-Familie, 78, 80
Langlois, Benjamin, 123
Lansdowne, Marquise von, 83

Lansdowne, Marquis von, 82, 83
Latournelle, Sarah, 31, 32
Lefroy-Familie, 24, 27, 60, 61, 74, 123
Lefroy, Anna (geb. Jane Anna Elizabeth Austen), 16, 18, 20, 30, 44, 65, 96, 100, 109, 115, 116, 118, 121
Lefroy, Thomas, 74
Leigh, Cassandra.
   Siehe Austen, Mrs George
Leigh, Pfarrer Thomas, 56, 71, 72
Leigh-Perrot, Mr und Mrs James, 35, 42, 44, 55
Littleworth-Familie, 17, 18, 104, 116
Lloyd-Familie, 24, 27, 55
Lloyd, Martha, 10, 24, 50, 52, 69, 76, 84, 85, 93, 95, 100, 104, 105, 108, 109, 114, 137
Lloyd, Mary.
   Siehe Austen, Mrs James
London, 10, 12, 27, 45, 52, 56, 58, 60, 61, 88, 113, 118, 119, 122–134, 136
   Astley's Amphitheater, 123
   British Institution, 126
   Brompton, 125
   Carlton House, 132
   Cork Street, 123
   Covent Garden, 127
   Gracechurch Street, 125
   Hans Place, 59, 125, 129, 132
   Henrietta Street, 127, 129
   Indische Jongleure, 129
   Liverpool Museum, 126
   Michael's Place, 123
   Sloane Street, 125, 126, 129
   Twinings, 127
   Upper Berkeley Street, 123
   Wedgwood Schauraum, 127
   Westminster Bridge, 123
   Zahnarzt, 129
Love und Freindship, 27
Lyford, Giles King, 121, 134, 136
Lyford, John Sr., 61
Lyford, Pfarrer John, 74
Lyme Regis, Dorset, 10, 56, 87–92
   Broad Street, 88
   Cobb, 88, 90
   Lyme Regis Museum, 90
   Pension Hiscott's, 88
   Pyne House, 88
   Sea Tree House, 88
   Three Cups Hotel, 88

Maitland-Familie, 83
Mansfield Park, 10, 19, 20, 29, 59, 67, 69, 71, 72, 96, 108, 109, 115, 119, 125, 129, 131, 132

Manydown Park, Hampshire, 74, 105, 134
Murray, John, 131

Nackington, Kent, 66
North Waltham, Hampshire, 27
Northanger, Die Abtei von, 9, 10, 12, 16, 18, 19, 35, 38, 39, 45, 47, 48, 56, 57, 63, 72, 96, 109

Oakley Hall, Hampshire, 27, 60
Ogle, Edward, 95

Painshill Park, Surrey, 52
Papillon, Pfarrer John, 119
Pasley, Sir Charles William, 118
Pinhay (Pinny), Devon, 56, 88
Portsmouth, 10, 76
Powlett-Familie, 83
Prinzregent.
   Siehe Georg IV.
Prowtings-Familie, 119

Reading Mädchenpensionat, 30–33
Reading, Berkshire, 30–33, 54
Red House, Sevenoaks, Kent, 54
Rowling, Kent, 55, 65, 66

Sanditon, 10, 59, 87, 88, 92, 93, 95, 120, 121
Saye und Sele, Lord und Lady, 44
Seal, Kent, 54
   Grey House, Church Street, 54
Sevenoaks, Kent, 54
Seward, Mrs, 100
Sharpe, Anne, 95, 121
Sherwood, Mary Martha (geb. Mary Butt), 31, 32
Sidmouth, Devon, 56, 87, 92
Simond, Louis, 43, 83
Smith-Familie, 125
Smith, James und Horatio, 118
Smith, Miss (Schauspielerin), 129
Sondes, Lady, 66
Southampton, 9, 10, 27, 29, 30, 50, 51, 54, 59, 69, 76–85, 96, 98
   Castle Square, 80, 82–84
   Dolphin Inn, 55, 76, 84
   Itchen Ferry, 84
   Millbrook, 81
   Netley Abbey, 84
   Northam, 84
   Redbridge, 81
   St. Mary's, 55
Spencer, Mr, 129

Spicer, Mr, 52
St. Nicholas, Chawton, 119
St. Nicholas, Steventon, 16, 21
de Staël, Madame, 132
Steventon Manor, Hampshire, 24
Steventon-Pfarrgut, Hampshire, 12–27, 29, 43
Steventon, Hampshire, 9, 10, 12–27, 40, 42–44, 48, 49, 51, 54–57, 60, 61, 65, 69, 74, 84, 100, 104, 136, 137
Stolz und Vorurteil, 10, 21, 27, 29, 30, 32, 33, 54, 65, 66, 69, 87, 96, 104, 109, 118, 125, 131
Stoneleigh Abbey, Warwickshire, 51, 56, 71–74
Stow-on-the-Wold, Gloucestershire, 71
Susan. Siehe Die Abtei von Northanger

Teignmouth, Devon, 56, 92
Tenby, Wales, 56, 92
Terry-Familie, 27
Tilson-Familie, 125, 126, 129, 134
Twisleton-Familie, 45

Überredung, 10, 29, 30, 39, 40, 42, 44, 45, 50, 82, 87, 88, 90, 96, 115
Uplyme, Devon, 56, 88

Verstand und Gefühl, 9, 10, 19, 40, 54, 92, 96, 99, 123, 125, 127, 131

Walter-Familie, 54, 55
Watsons, The, 10
Weymouth, Dorset, 87, 88
Wheatsheaf Inn, 27
White, Dr. John, 120
Wight, Isle of, 88
Winchester, 27, 56, 59, 96, 115, 121, 134–137
   College Street, 134
   County Hospital, 134
   Pferderennen, 136
Winchester Cathedral, 136, 137
Winchester College, 84
Winstone, Miss, 44
Wise, Mr, 59
Wood, John the Elder, 38
Worthing, Sussex, 50, 93, 95
   Broadwater, 95
   Kirche St. Mary, 95
   Stanford's Cottage, 95
   Warwick Street, 95
Wick's Badeanstalten, 95

WIDMUNG

Für Ellie und Aina

Anmerkung zum Text:
Jane Austens urschriftliche, gelegentlich eigensinnige Schreibweisen des Englischen wurden in der deutschen Fassung nicht nachgebildet; Abkürzungen wurden zum besseren Verständnis ausgeschrieben.

DANK

Mein Dank geht in erster Linie an die vielen Mitglieder der Jane Austen Society, der Jane Austen Society of North America (JASNA) und anderer Jane-Austen-Gesellschaften auf der ganzen Welt, deren sorgfältige Recherchen und Publikationen für meine Arbeit eine große Hilfe waren. Besonders wertvoll waren die Arbeiten dreier Wissenschaftler: Maggie Lanes akribische Erforschungen der Lebenswelt und Wohnorte von Jane Austen; T.A.B. Corleys faszinierende Studie zu Janes und Cassandras Schulzeit an der Klosterschule in Reading und schließlich Deirdre Le Fayes gründliche und umfassende Sammlung und Analyse von Austens Briefen und den Schriftstücken und Chroniken der Familie, ohne die wir heute ein sehr lückenhaftes Bild von Jane Austens Leben hätten.

Ebenso danke ich Mary Guyatt und Isabel Snowden vom Jane Austen House Museum sowie Sarah Parry, Paul Dearn und Ray Moseley von der Chawton House Library für ihre geduldige Assistenz und die hilfreiche Beratung, Celia Simpson vom Jane Austen House Museum für ihre Führung durch den Museumsgarten und Tom Carpenter, ebenfalls von dort, der mich erstmals durchs Museum führte und mir die Geschichte von der Teetasse im Esszimmer-Wandschrank erzählte; David Standing für die Führung durch den Garten des Gilbert White House; Mr und Mrs John Sunley vom Godmersham Park sowie Greg Ellis, ebenfalls von dort, für seine Führung durch die Parkgärten; den Mitarbeitern der Stoneleigh Abbey; Isil Caiazza von Bath Boutique Stays für die Einblicke in die Räumlichkeiten von Sydney Place Nr. 4 in Bath; dem Schriftsteller Antony Edmonds für die Weitergabe seiner Recherche-Ergebnisse und Kenntnisse über den Worthing-Sanditon-Zusammenhang; dem Architekturhistoriker Jeremy Musson für seine Ausführungen über englische Landhäuser; Linda Slothouber von der JASNA über ihre Erläuterungen zu Wedgwood-Frühstückssets; Dr. Cheryl Kinney für die Ausführungen zu Jane Austens Krankheit und gängigen Heilmitteln während des Regency und Joyce Bown für ihre liebenswürdige und gastfreundliche Führung durch Steventon, die Kirche St. Nicholas und Deane.

Großer Dank gilt folgenden Personen für die Bereitstellung von Bildmaterial: dem Banknote Education Team der Bank of England; Damaris Brix; Loretta Chase vom Two Nerdy History Girls Blog; Joy Hanes von Hanes und Ruskin Antiques; Judy und Brian Harden; der Autorin Candice Hern von www.candicehern.com; Graham Davies vom Lyme Regis Museum; Natalie Manifold von Jane Austen Tours; Kristen McDonald und Susan Walker von der Yale Lewis Walpole Library; Martin und Jean Norgate von Old Hampshire Mapped, www.geog.port.ac.uk/webmap/hantsmap/hantsmap/hantsmap.htm; dem Press Office der Royal Mail; Blair Rogers; Lucy Ryder und Gemma Sampson von Bath Tourism Plus sowie Allan Soedring von astoft.co.uk.

Ein herzlicher Dank geht auch an das hervorragende Team von Verlagsmitarbeitern von Francis Lincoln, ohne deren Hilfe dieses Buch nicht entstanden wäre: Andrew Dunn und Anna Watson von Frances Lincoln Publishers, Joan Strasbaugh von Abbeville Press, Caroline Clark von Caroline Clark Design und Gavin Kingcome, der wunderbare Aufnahmen machte.

Und natürlich – wie immer – ein liebevoller Dank an Charlie, Ellie und Aina.

BILDNACHWEIS

S. 8 aus Ackermanns *Repository of Arts*, August 1813; S. 81 oben aus Ackermanns *Repository of Arts,* Mai 1812; S. 55 oben, S. 95 oben ancestryimages.com; S. 34 © The Art Gallery Collection/Alamy; S. 77 © Classic Image/Alamy; S. 85 © UrbanLandscapes/Alamy; S. 36 Bath Preservation Trust; S. 44 rechts mit freundlicher Unterstützung von Bath Tourism Plus; S. 116 © The British Library Board; S. 98 mit freundlicher Unterstützung von Damaris Brix; S. 70 oben links © Chawton House Library; S. 44 links, S. 137 © Ian Dagnal/Alamy; S. 89 unten links © Graham Davies; S. 7 © Dea Picture Library/Getty Images; S. 94 oben und unten mit freundlicher Unterstützung von Worthing Museum and Art Gallery, erschienen in *Jane Austen's Worthing: The Real Sanditon* von Antony Edwards, der die Scans bereitstellte; S. 101 rechts aus *The Experienced Bee-Keeper,* von Bryan J'Anson Bromwich, 1783; S. 92 rechts aus *A Guide to All the Watering and Sea Bathing Places,* von John Feltham, 1803; S. 114 unten mit freundlicher Unterstützung von Hanes & Ruskin Antiques, hanesandruskin.com; S. 74 links mit freundlicher Unterstützung von Judy und Brian Harden; S. 136 unten © Robert Harding Picture Library Ltd/Alamy; S. 40 mit freundlicher Unterstützung von Candice Hearn, candicehearn.com; S. 38 unten © Ric Holland/Getty Images; S. 64 © Geoff A Howard/Alamy; S. 42 links und rechts, S. 66 oben aus *Jane Austen, Her Homes and Her Friends,* von Constance Hill, 1901; S. 66 unten, S. 70 oben rechts, S. 105, S. 108, S. 119 oben © Jane Austen's House Museum; S. 86 mit freundlicher Unterstützung von Jane Austen Tours, www.literarylyme.co.uk; S. 1, S. 2, S. 13, S. 14, S. 16 oben und unten, S. 22 alle, S. 23 alle, S. 26, S. 97, S. 102 alle, S. 103, S. 106, S. 107 links und rechts, S. 110, S. 111, S. 112, S. 113 links und rechts, S. 115, S. 117, S. 120, S. 121, S. 128 alle, S. 130 alle, S. 131 © Gavin Kingcome; S. 24, S. 28, S. 39 oben, S. 82, S. 104 mit freundlicher Unterstützung von The Lewis Walpole Library, Yale University; S. 135 Library of Congress, Washington, D.C.; S. 133 oben aus *Life in London,* von Pierce Egan, 1821; S. 81 unten, S. 95 unten Los Angeles County Museum of Art, www.lacma.org; S. 89 oben, unten rechts, S. 92 links mit freundlicher Unterstützung von Lyme Regis Museum; S. 49 © Manor Photography/Getty Images; S. 15 oben links aus *A Memoir of Jane Austen,* 2. Aufl., von James Edward Austen-Leigh, 1871; S. 37 oben und unten, S. 41, S. 43 links und rechts, S. 45, S. 46 © Neill Menneer; S. 129 rechts, S. 133 unten aus *The Microcosm of London,* 1808; S. 25 oben und unten, S. 69 aus *Mrs Hurst Dancing* von Gordon Mingay, original Wasserfarbe von Diana Sperling. Erschienen bei Victor Gollancz, einem Imprint von The Orion Group, London, 1981; S. 31, S. 59 mit freundlicher Unterstützung von National Gallery of Art, Washington, D.C.; S. 51 National Maritime Museum, Greenwich, London; S. 114 oben Courtesy National Museums Liverpool, Lady Lever Art Gallery; S. 35 aus *The New Bath Guide,* von Christopher Anstey, 1807; S. 11, S. 53, S. 79 © Martin und Jean Norgate, Old Hampshire Mapped, www.geog.port.ac.uk/webmap/hantsmap/; S. 47 unten © lucyna onik/Alamy; S. 125 aus *Plan of the Cities of London and Westminster the Borough of Southwark and Parts Adjoining,* von Richard Horwood, 1795; S. 47 oben aus *Real Life in London,* 1821; S. 74, rechts Privatsammlung, image mit freundlicher Unterstützung von Blair Rogers; S. 140 Stamp Designs © Royal Mail Group Ltd 2013; S. 50, S. 119 unten © Allan Soedring, astoft.co.uk; S. 80 unten Southampton City Council; S. 91 © Simon Tranter/Alamy; S. 20 rechts, S. 30, S. 60, S. 93 links und rechts, S. 101 Mitte, S. 129 links Wellcome Library, London; S. 4–5 © Ian West/Getty Images; S. 80 oben Wikimedia Commons; S. 15 oben rechts, S. 19 oben und unten, S. 39 unten, S. 71 links, S. 101 unten links © Kim Wilson; S. 32 rechts, S. 54 oben, S. 62, S. 68, S. 73, S. 99, S. 136 oben, S. 138 mit freundlicher Unterstützung von Kim Wilson; S. 15 unten, S. 17 oben und unten, S. 20 links und Mitte, S. 32 links, S. 33 oben, S. 54 unten, S. 55 unten, S. 58, S. 63, S. 70 unten, S. 71 rechts, S. 75 oben, S. 78 unten, S. 101 oben, S. 122, S. 124, S. 126 links, S. 126 rechts, S. 127 Yale Center for British Art